कुरान का सच

सवाल पूछना बगावत नहीं,
बल्कि पढ़कर समझना होगा।

सुरेन्द्र पैट्रिक

INDIA · SINGAPORE · MALAYSIA

ISBN 979-8-88805-486-4

This book has been published with all efforts taken to make the material error-free after the consent of the author. However, the author and the publisher do not assume and hereby disclaim any liability to any party for any loss, damage, or disruption caused by errors or omissions, whether such errors or omissions result from negligence, accident, or any other cause.

While every effort has been made to avoid any mistake or omission, this publication is being sold on the condition and understanding that neither the author nor the publishers or printers would be liable in any manner to any person by reason of any mistake or omission in this publication or for any action taken or omitted to be taken or advice rendered or accepted on the basis of this work. For any defect in printing or binding the publishers will be liable only to replace the defective copy by another copy of this work then available.

Declaration

यह किताब कुरान में लिखी हुई हू-ब-हू आयतों के अधिकृत हिन्दी अनुवाद को पढ़कर एवम् समझकर अपने विवेक (नजर) के अनुसार लेखक द्वारा अपने विचार अभिव्यक्त किये गये है। इसमें किसी भी धर्म/सम्प्रदाय की भावनाओं को ठेस पहुँचाने का प्रयास नहीं किया गया है। यह लेखक के अपने विचार है।

सुरेन्द्र पैट्रिक (लेखक)

विषय-सूची

पार्ट - 2
सवाल कुरान की आयतो पर

कुरान अल्ला की किताब हैं या नहीं?

लेखक द्वारा कुरान मजीद, तर्जमा व अरबी मतन, हजरत मौलाना अशरफ अली थानवी, अरीब पब्लिकेशन्स, 1542, पटौदी हाऊस, दरियाँ गंज, नई दिल्ली तथा कुरान मजीद (तर्जमा व अरबी मतन) उर्दू तर्जमा हजरत मौलाना अशरफ अली थानवी की उर्दू से हिन्दी तर्जमा एस, खालिद निजामी, लईक बुक डिपो, 437, गली सरोते वाली, मटिया महल, जामा मस्जिद, दिल्ली - 6 की किताब पढ़ने के बाद अनेको सवालों ने जन्म दे दिया।

यहाँ केवल अल्ला तआला की दी गई किताब कुरान की आयतो पर ही गौर किया गया है। कुरान में इन्सानो द्वारा लिखी गई, हदीसों को नही जोड़े, ना ही हदीसों की दलील व हवाले दे, ना ही सहारा देने की कोशिश करें, क्योंकि अल्ला अपने में (सर्वोपरि) सबसे ऊँचा है, जिसे किसी से सहारे की जरूरत नही है।

कुरान की आयतों को पढ़कर खुद ही तर्क करें, सोचे, जाँचे, सच क्या है? क्या हम पिजंरे में बैठे हुए तोते की तरह तो नही हैं? यह आप देखे। खुदा आपकी मदद करें।

सुरेन्द्र पैट्रिक (लेखक)

पार्ट - 1

प्रथम खण्ड

मेरे विचार

यदि कोई किताब (कुरान) अल्ला की तरफ से दी गई है तो यह अपने में कम्पलीट बिना किसी सहारे/कमी के पूर्ण होनी चाहिये। उसमें किन्तु, परन्तु, अगर-मगर, या किसी दूसरी किताबों, का सहारा नहीं होना चाहिये। प्रश्न यह है कि क्या कुरान अल्ला की देन है? कुरान को हदीस की क्यों जरूरत पढ़ गयी? ऐसी क्या खामियाँ/कमियाँ रह गयी? जिसके कारण हदीसे लिखी गई?

कुरान - हदीस की गुलाम है या हदीस कुरान की मोहताज है? यहाँ कुरान को सहारा देने के लिये हदीस का सहारा क्यों लिया गया?

अल्ला के बन्दे ईमान वाले (मुसलमान) क्या कुरान पर ईमान लाते है या हदीस पर?

कुरान अल्ला की देन है जैसा कहा जाता है।

हदीस अल्ला की देन है या लोगों द्वारा लिखी गई है?

जैसा बताया गया है कि 2,000 से 5,00,000 तक हदीस की किताबें है। ये हदीसे अल्ला ने लिखी या आम लोगों ने? यदि आम लोगों द्वारा हदीसें लिखी गई तो इन पर कैसे यकीन किया जाये कि ये सही है? या गलत है? इसे इन्सान की देन कहा जायेगा या नहीं?

इस प्रश्न ने मुझे कुरान पढ़ने को मजबूर किया। यह सोचकर हो सकता है कि मुझे कुरान में इसका उत्तर मिल जाये। लेकिन

कुरान पढ़ने पश्चात प्रश्न पर प्रश्न बनते चले गये (कुरान की आयतों से किसी भी प्रकार की छेड़-छाड़ नहीं की गई)

बात यह है कि यदि कुरान को पढ़कर सवाल/प्रश्न पैदा होते है, उन्हें पूछना जायज है या नाजायज है।

यदि कोई आदर्शवादी, या धार्मिक या आत्म चिन्तन करने वाली धर्म पुस्तक को पढ़ा जाता है। नही समझने पर उसके सवालों को पूछा जाना चाहिये। यदि कुरान की आयतों का जवाब देने में आना-कानी की जाती है, कुरान की आयतों का रूख ही मोड़ दिया जाये। उसमें कट्टरता, लकीर के फकीर, अन्धविश्वास, आस्था से जोड़कर देखना ठीक नही है। पढ़ा-लिखा, बुद्धिजीवी, समझदार व ईमानदार व्यक्ति (इन्सान) हर प्रश्न का उत्तर समझदारी से देना ठीक समझता है। अनपढ़, गंवार, जाहिल, बे-अक्ल वाला इन्सान किसी भी प्रश्न का उत्तर कभी भी समझदारी से नही देगा। डर, ताकत, बहुमत या तलवार के जौर पर किसी को जोर-जबरदस्ती से उसको समझाना, ईमान बदल वाना, जाहिल-पन को दिखाता है। क्योंकि उसने कभी भी ईश्वर की दी हुई अकल का सही इस्तेमाल नही किया है। उसकी जिन्दगी व अक्ल हमेशा दूसरों के सहारे पर टिकी होती है या भीड़ तन्त्र या दूसरों को देखकर चलता है। ऐसा व्यक्ति इस दुनियां में हमेशा बोझ बना रहता है व अंधेरे में भटकता रहता है, नूर/रोशनी उससे हमेशा दूर रहती है। ऐसे व्यक्ति को अपने में विश्वास पैदा करना होगा। बैसाखियों पर टिके रहना समझदारी नहीं है। डर की आत्मा परमेश्वर की तरफ से नहीं मिलती है। डर की आत्मा शैतान की तरफ से आती है जिसके कान हो, वो सुन ले, जिसकी आँखे है, वो देख ले। फल देना या नहीं देना आप पर निर्भर है।

प्रस्तावना

सच का पीछा करते-करते कि सच क्या है? क्या कुरान ईश्वर (अल्ला) की देन है? क्या ये अल्ला की तरफ से उतारी गई या किसी ने लिखा है या .....? कुरआन किताब पढ़ने के बाद इसकी आयतों ने अनेक सवालों को पूछने के लिये मजबूर कर दिया। क्या मुझे इन सवालों को पूछने का अधिकार है या नही? ये जायज है या ना-जायज है? यदि ये ना-जायाज है तो यह सरासर गलत है। कमजोरियाँ, गलतियाँ को छुपाकर, हम कैसी भी सफाई दे, परिभाषा बनाकर, जोर जबरदस्ती, डर, दबाव बनाकर या तलवार के जोर पर आम इन्सान से मनवा कर हाँ कराया जा सकता है। यदि ये ज्ञान, रूहानी व आत्मिक ज्ञान है तो उसमें तर्क-वितर्क का भी समावेश, जोड़ होना चाहिये। नही समझने वाले के सवालों का जवाब समझदारी से दिया जाना चाहिये। यदि सवालों का जवाब कट्टरता, अन्ध भक्ति, लकीर के फकीर, जाहिल-पन से दिया जाता है तो निश्चित ही यह किताब गलत साबित हो जायेगी। ऐसी किताब जो हमारी अकल को बाँध देती हो, हमें अंधेरे में भटकाती हो, जिसमें रोशनी ढूंढना बेहद मुश्किल हो जाये, खुला-पन दूर-दूर तक दिखाई नही देता हो। सोचने-समझने की शक्ति को खत्म कर देता हो, ठीक नही है। यहाँ कुरआन की आयतों से किसी भी प्रकार की छेड़-छाड़ नहीं की गई है। उनको समझने के लिये जो सवाल पैदा हुए है, उनको समझने के बाद ही सही (दिशा)

राह पर ले जा सकते है। ज्यादा अच्छा होगा कि आप इंजील (बाईबल) व कुरान को साथ-साथ पढ़ ले तो निश्चित ही आप सच को जान जायेगे। अरबी भाषा को पाक (पवित्र) मानकर दूसरी भाषाओं का इन्कार मत करियें।

पढ़ना भी एक भोजन है। पढ़कर, समझना एक बात है। पढ़कर, मनन-मूल्यांकन करना अलग बात है। पढ़कर उस पर चलना व फल देना बिल्कुल ही अलग बात है। सच को जानने के लिये मैंने मुस्लिम धर्म पुस्तक कुरआन, जिसे अल्ला की तरफ से उतारी हुई किताब कहा जाता है, को एक नही तीन-तीन बार पढ़ा। यदि कुरान अल्ला ने उतारी है, तो कुराआन की आयतों में विरोधाभास क्यों है? कुरआन पढ़कर दिल-दिमाग पर प्रश्नों की बाढ़ लग गई। सोचा क्यों ना इन आयतों को नोट करके, कहाँ-कहाँ विरोधाभास, उलट-फेर दिखता है, पूछा जाये। प्रश्न: पूछना, सवालों का जवाब पाना, बगावत का नाम नहीं दिया जाना चाहिये। आलोचनओं में सफलतायें, नये-नये रास्ते छुपे होते है। ठहरा हुआ इन्सान या समाज एक बंद पिंजरे में तोते के समान होता है। जिसमें चलने की आदत नहीं होती है। नहीं चलने वाला कभी भी नयापन, ज्ञान, रोशनी, खुले विचारों से दूर, अंधेरे में भटकने वाला होता है। एक लकीर, एक रास्ता अपनाकर, सोचने-समझने, अच्छा रिजल्ट देने की कोशिश खत्म कर लेता है। ऐसा समाज हमेशा अनपढ़, कमजोर, लाचार, कुंठित, ठस बुद्धि, कट्टरता की चादर ओढ़ कर सोता है या कुएँ का मेंढक बना रहता है। यह समाज भीड़ तन्त्र व बेसाखियों पर टिका होता है। ठीक उसी तरह जैसे एक ठहरा हुआ तालाब...? यदि तालाब में पत्थर मार दो तो हलचल, गोल दायरे बनते है, वरना वापस ठहर जाता

है। बहता हुआ पानी हमेशा साफ रहता है। रूका हुआ पानी हमेशा बदबू मारता है। कियामत का डर दिखाकर ईमान को नही बदला जा सकता है।

सुरेन्द्र पैट्रिक (लेखक)

सच को क्यों छुपाया गया?

प्रत्येक मुस्लिम द्वारा यही कहा जाता है कि इंजील (बाईबल) बदल दी गई है। चाहे उन्होंने ना कभी कुरान पढी ना ही बाईबल। केवल इतना सा कह देना या दूसरों के कहने पर अपना दिल-दिमाग को बदल लेना ठीक नही है। खुदा ने आपको संसार के सब प्राणियों में आपको श्रेष्ठ व अकलमंद बनाया है। भावनाओं की आस्था में लिपकर सच को नहीं ढूँढा जा सकता है। आपको चलना होगा, सोचना और चुनाव करना, आपकी मानसिकता व विवेक पर निर्भर है। तोता बनकर, रटम विद्या से अच्छा बंद पिंजरे से बाहर निकलकर ज्ञान के सागर व सच्चाई की नदी में डुबकी लगाना ज्यादा अच्छा होगा। जैसा कहा गया है कि कुरान अल्ला की उतारी हुई तीसरी किताब हैं। इस किताब को सहारा देने के लिये हदीसों, वो भी कुरान के दो सौ (200) साल बाद अलग-अलग क्यों लिखी गई? क्या कुरान अपने में अधूरी थी या समझाने के लिये इन्सानों का व और किताबों-हदीसों की जरूरत क्यों पड़ गयी? जिनको इन्सानों, आम लोगों ने लिखा। क्या अल्ला को सहारे की जरूरत पड़ गयी या अल्ला समझा नहीं सकता था? कुरान की यह आयत 54-39 हमनें कुरान को नसीयत हासिल करने के लिए आसान कर दिया। इसको हम तब्दीलीयाँ कहे या नही? 20-96, 20-112, 44-57, 45-5

कुरान में सच क्या है? कही आया कुरान मौहम्मद साहब पर उतारी गयी, 16-43, 16-63, 57-8 कही पर फरिश्तें का लाया हुआ, कही पर हमने फरिश्ते को हुकम दे रहे थे, कही पर बरकत

वाली रात शबे-कद्र में उतारी गई, कही पर रब्बुल आलामीन का भेजा हुआ, कौन है? कही पर आया कि हमने अपने खास बन्दे पर नाजिल की, कही पर हमने आप पर नाजिल फरमाई, कही पर रहमान-रहीम की तरफ से नाजिल हुई, कही पर मैंने नाजिल की, कही पर यह उस जात की तरफ से नाजिल की गई, कही पर हम वायदा करते है कि हम कुरआन को नाजिल करते जायेंगे। 87-5, कही पर एक फरिश्तें जिबराइल का लाया हुआ है, कही पर हमने आपको अपने पास से नसीयतनामा (यानि कुरान) भी दिया 20-98, कही पर आया इसको अमानत दार फरिश्ता लेकर आया 26-192, कहीं पर हम 56-58, कही पर कुरान थोड़ा-थोड़ा करके उतारा गया। कही पर ऐ रसूल आपके रब की जानिब से आप पर नाजिल किया गया। आप कहिये कि अहले किताब जो हमारे पास भेजी गई (5-58, 67) आप कह दीजिये कि यह दीने हक तुम्हारे रब की तरफ से आया है 18-28, यहाँ यह कौन बोल रहा है कि आप कहिये, आप कह दीजिये? हमारे पास - ये कौन है? (किसके पास भेजी गई)? अधिक जानकारी के लिये पार्ट-1 व पार्ट-2 को पढ़े। इनको पढ़ने के बाद शक-शूबा (कन्फ्यूजन) बढ़ गया, कि सच क्या है?

- जैसा कुरान में बोला गया तौरात पहली और इंजील (बाईबल) को दूसरी किताब कहा गया, बार-बार (तस्दीक) सही कहा गया। ऐसा क्यों? 2-96, 4-135, जब बाईबल सही थी तो कुरान उतारने की जरूरत क्यों पड़ गयी?

- बाईबल का हर अध्याय, हर विषय पर बहुत ही विस्तार, गहराई से बतलाती है। जबकि कुरान उसको एक दो शब्दों में या एक दो लाईनों में ही जिक्र करती है। उसमें भी कभी कही पर बता दिया जाता है, तो कभी कही

दूसरी जगह। ऐसा क्यों? फिर दूसरी बात बयान करने लगती है। बाईबल और कुरान में ये फर्क क्यों है?

– कुरआन मजीद का परिचय - मौलाना सदरूदीन इस्लाही, इस्लामी साहित्य प्रकाशन, नई दिल्ली-2 की किताब में पेज नम्बर 65 में कुरान के उतरने में तैईस साल (23) में लम्बी मुद्दत्त में उतरा। सवाल - क्या अल्ला कुरआन को एक साथ उतार कर नही दे सकता था? तैईस साल तक अल्ला भी सोच-सोच कर भेजता रहा? शक-शूबा पैदा करती है। सच क्या है?

– कुरान समझ में नही आये तो बाईबल पढ़ो। 10-93, 94 तुम्हारा हिसाब इंजील (बाईबल) से किया जायेगा। कुरान ऐसा क्यों कहती है? कुरान में क्या छूट गया? जिसके कारण कुरान बाईबल का सहारा लेकर इसके उलट क्यों लिखी गई? ऐसा क्यों किया गया?

– बाईबल में (अब्राहम) उर्दू में इब्राहिम के दोनों बेटे इशमाइल व इजहाक (आईजेक) को खुदा की तरफ से आशीष दी गई। इशमाइल का मैं तेरे द्वारा एक बड़ी जाति बनाऊँगा, लेकिन तेरी जाति बनैले गधे के समान होगी। तेरा हाथ सबके विरूद्ध उठेगा और सबके हाथ तेरे विरूद्ध उठेंगे क्योंकि अब्राहम की पत्नी सारा ने दासी हाजिरा का रिश्ता अब्राहम से जुड़वाया गया था तथा खुदा (ईश्वर) की आज्ञा को तोड़ा गया था? बाईबल उत्पत्ति 16 अध्याय 12 आयत देखे। इसको कुरान में क्यों छिपाया गया?

37-101 इशमाएल की या इजहाक की कुबानी देने की कोशिश की। यहाँ नाम छुपाया गया है। जबकि बाईबल में इजहाक की कुर्बानी का जिक्र है। क्या छुपाया गया है?

- मुस्लिम अपने को अब्राहम-इशमाइल की कौम मानते है। उनका कहना है कि अब्राहम ने इशमाइल को कुरबानी के लिये चुना था। जबकि बाईबल में खुदा इजहाक को चुनता है। (यहाँ बाईबल और कुरान में फर्क क्यों आया?)

- कुरान में मुसलमानों को इशमाइल की सन्तानें, औलादें कहा गया है। 2-127 में इशमाइल खुदा से कह रहे है कि हमारी औलाद में से भी एक ऐसी जमाअत पैदा कीजिये।

- बाईबल में इजहाक को परमेश्वर की संतान कहा गया, क्योंकि खुदा के हुकम से इजहाक की पैदाईश हुई थी। इजहाक के लिये खुदा ने कहा कि मैं तेरे वंश को आकाश के तारागण और समुद्र के तीर की बाल के किनको के समान अनगनित करूंगा और तेरा वंश अपने शत्रुओं के नगरों का अधिकारी होगा और पृथ्वी की सारी जातियाँ अपने को तेरे वंश के कारण धन्य मानेगी, क्योंकि तूने मेरी बात मानी है। इस कारण परमेश्वर ने अब्राहम को आशीष दी।

- बाईबल के अनुसार आज यीशु (जीजस क्राईस्ट) को मानने वाले अनगिनत है तथा इनके द्वारा पूरी दुनियां को आशीषित किया गया। क्रिश्चियनस द्वारा एक पिन से लेकर, हवाई-जहाज, मशीने, मोबाईल, कम्प्यूटरस, रेल-मोटर गाड़ियाँ, राकेट, हथियार, साइन्स की नई-नई खोजें, टेक्नोलॉजी, नित नई जरूरतों का आविष्कार, छोटी-बड़ी भारी मशीनें,मेडीकल, दवाईयाँ, क्या नहीं दिया।इन सबका उपभोग पूरी दुनियाँ कर रही है। यह एक बड़ी सच्चाई है। आप ही बताईये मुसलमान कौम

द्वारा दुनिया में एक भी (आविष्कार) खोज नही की गई। कैसे मान लिया कि अल्ला ने आपको आशीष दी?

– आज बनैले गधे के समान कौन सी जाति है लिखा है "तेरा हाथ सबके विरूद्ध उठेगा और सबके हाथ तेरे विरूद्ध उठेंगे।" ऐसी क्या बात है कि आपने अपने को सबसे अलग कर लिया? क्यों दुनियाँ आज दो भागों में बंटी हुई? कुरान में क्यों तबदीलियाँ लाई गयी? कमजोरियों को छुपाने के लिये बाईबल पर ही दोष लगा दिया गया, कि बाईबल बदल दी गई? इस्लाम द्वारा झूठ की कमजोर बुनियाद पर सच की ईबारत लिखने की कोशिश की गई या नही, आप ही बताये। कुरान बार-बार कहती है। कुरान की आयतें पढ़े: 5-67, 59, 6-1, 6-4, 6-6, 10, 11,24, 25, 26, 32, 33, 38, 48, 90, 93, 94, 113, 114, 115, 156, 16-100, 22-50, 25-3, 4, 34-42, 28-48, 43-29, 41-40, 54-17, 74-23, 24

– बाईबल जो बहुत ही गहराई से विस्तारपूर्वक है। उसके शुरू के कुछ भागों को कही-कही से लेकर तौरात की किताब का नाम दिया गया? जिसे मूसा (मोजेज) की व्यवस्था कहा गया जो रूहानी लोगों द्वारा लिखी गई।

– बाईबल के अनुसार मूसा (मोजेज) को खुदा ने सिनाई पर्वत पर दस हुकम (10) की पट्टिका दी गई थी। जिनको पार्ट-एक में देख सकते है। बाईबल में कही भी नही लिखा कि मूसा कोई किताब लाये थे।

– प्रश्न: अल्ला या खुदा दो-दो बातें नही कर सकता है। एक तरफ कुरान में इंजील पर ईमान लाने की बात की

जाती है। दूसरी तरफ कुरान मे उल्ट बाते (विरोधाभास) की जाती है। क्या अल्ला से या मोहम्मद सा0 से या लिखने वाले या नकल करने वाले से गलतियाँ हो गई?

6-90   कुरान में मोहम्मद साहब लोगों से कह रहे है कि आप कहिये कि यहाँ किताब मूसा (मोजेज) लाये थे। जिसको तौरात कहा गया। (आप कहिये, ये कौन लोग है?) उस समय में खुदा की रूह से भक्तों द्वारा पाँच किताबें जैसा बाईबल कहती हैं लिखी गई 2-52, 86, 11-16, 11-109, 28-47, 32-22 हमने मूसा को किताब दी लेकिन लोग यहाँ पर शक-शूबा में है।

6-153   कुरान में लिखा है कि हमने मूसा को किताब दी, साथ ही लोगों से कह रहे है कि यकीन लाओ? केवल एक लाइन में कह देना ठीक है क्या?

सवाल - तौरात अल्ला ने दी या हमने (कौन है?) या मोहम्मद साहब आम लोगों से कह रहे है कि आप कहिये? यहाँ कौन गलत बोल रहा है? क्या छिपाया जा रहा है? "आप कहिये" क्यों कहा जा रहा है?

6-90   कुरान में मूसा को किताब दी, 11-16, 17-1 यानी मूसा की किताब, 7-144 कुरान में (अल्ला ने नहीं) बल्कि हमने चन्द तख्तियों पर किस्म की नसीयत और हर चीज की तफसील उनको लिखकर दी। किताब दी गई या तखतियाँ, प्रश्न क्या दिया गया? 7-144, 149, 153

6-90   में अल्ला तआला ने नाजिल फरमाया, आप कहिये, फिर आप कह दीजिये?

6-91   में ये भी ऐसी ही किताब है, जिसको हमने नाजिल किया। अपने से पहली किताबों की तस्दीक करने वाली है। क्या तौरात से पहले भी किताब थी?

सवाल-   ये भी ऐसी ही किताब है। किस किताब का जिक्र है? कौन सी किताब - अपने से पहली किताबों की तस्दीक कर रही है? कया मूसा को दी गई किताब से पहले भी किताबे थी? जो हमने दी? कौन सी है?

सवाल-   यहाँ अल्ला ने मूसा को किताब दी एक इसके पहले मूसा की किताब है या हमने चन्द तखतियाँ दी, हमने इससे पहले भी किताब दी? क्या तौरात से पहले भी किताब है? यहाँ अल्ला ने किताब दी या तखतियाँ या हमने क्या दिया गया? किसने क्या दिया - बड़ा कन्फ्यूजन दिखता है। सच क्या है? मोहम्म्द साहब लोगों से कह रहे है आप कहिये? ये कैसा घालमेल है? जबकि इंजील अनुसार पाँच किताबे खुदा की रूह से लिखी गई। जिसको कुरान में तौरात कहा गया। पूरी बाईबल खुदा की रूह द्वारा रूहानी लोगों से लिखवाई गई।

- जबकि बाईबल के अनुसार सीधी भाषा में मूसा को दस हुकम दिये गये थे। जिसकी कुछ आयतों (नियम) को कुरान में नहीं लिया गया। मूर्ति पूजा ना करना, किसी का खून-हत्या ना करना, व्यभिचार ना करना, किसी के घर का, स्त्री, दास-दासी, धन का लालच ना करना। बाईबल के दस हुकम में से इन कुछ आयतों को कुरान में नहीं लिया गया। क्यों छुपाया गया? यदि ये आयतें (हुकम) भी ले लेते तो कुरान की थ्यौरी (थीम) पूरी तरह बदल जाती है। वहाँ ना तो कोई काफिर होता ना ही कत्ल, नफरत, गुलाम बनाना, डराना, लालच ये सब नहीं होता?

- यहाँ अल्ला से गलती हुई या लिखने वाले से या नकल करने वाले से किसको सच माना जाये? क्यों छुपाया गया? जब मूसा (मोजेज) का नाम कुरान में

(136) एक सौ छत्तीस बार दिया जा सकता है तो इन आयतों को क्यों नहीं लिखा गया, क्यों छिपाया गया?

– यहाँ बाईबल के विचारों को बदला गया या कुरान को बदला गया? क्या-क्या छुपाया गया?

6-90 में मोहम्मद सा. तौरात की किताब के लिये आम लोगों का सहारा क्यों लेते है?

7-157 मोहम्मद सा. आम लोगों से कह रहे है कि आप कह दीजिये, मैं अल्ला का भेजा गया पैगम्बर हूँ? कुरान में कुल सूरते 114 है। मक्का में 88 किताबे उतरी, मदीना में 26 किताबें है। इस तरह कुल सूरहों की संख्या 114 है। इन 114 सूरह की कुल आयतों, शब्दों और अक्षरों को गिना जाये तो उनकी संख्या क्रमवार 6236, 77993 और 332015 होगी।

5-58 5-59, 5-67, 18-28 में आप कहिये कि अहले किताब तुम्हारे रब की तरफ से भेजी गई है।

5-99 6-10, 6-13, 6-36, 39, 46, 48, 49, 53, 55, 56, 57, 62, 63, 70, 89, 41-43 मोहम्मद साहब क्यों बार-बार आम लोगों को सहारा लेते थे। क्यों बार-बार कहते थे "आप कहिये?? आप फरमा दीजिये, आप कह दीजिये 100 से अधिक बार आया। क्या मोहम्मद पैगम्बर थे? कुरान में मोहम्मद का नाम (4) चार बार आया जबकि मसीह ईसा (यीशु) का नाम (25) पच्चीस बार क्यों दिया गया?

– यीशु को 3-44, 45 में कल्मीतुल्ला, रूहअल्ला, मसीह ईसा क्यों कहा गया? इनके द्वारा जो मोजमें (चमत्कार) अनगिनत हुए, बीमारों, कौडियों, अन्धे, लगड़े, गूंगे, बहरे, लकवाग्रस्त, बुरी आत्माओं, बदरूहों

को शरीर से निकालना, मरे हुए इन्सानों को जिन्दा करना, आँधी-तूफान द्वारा भी इनका कहना मानना, पानी पर चलना, पाँच हजार लोगों को पाँच रोटी व दो मछली से खाना खिलाना, प्रेम, क्षमा (प्यार-मोहब्बत, माफ करने का सन्देश देना), बदला नहीं लेना, शत्रुओं से प्रेम करना, नम्र, दया-भाव रखों, हत्या, खून ना करना, किसी के मकान, धन, स्त्री, दास-दासी का लालच नहीं करना। कुरान में क्यों छुपाया गया? या कुरान में अल्ला से या मोहम्मद सा. या लिखने वाले से भूल हो गयी? प्रश्न यह कि क्या कुरान शान्ति का सन्देश देती है या नहीं?

– यहाँ बाईबल को बदलने की कोशिश की गई या कुरान को?

– कुरान में अब्राहम से लेकर दाऊद (डेविड) तक जितने भी प्रभु के सेवक हुए, वे सब यहूदी थे इनके वंशज का जिक्र बाईबल कहती है। इनको कुरान में इस्लाम का कैसे कहा गया? इनमें से कोई भी कभी भी मक्का नहीं गया। क्या छुपाया गया है?

2-139   इब्राहिम, इशमाइल, इजहाक, याकूब व औलादें सब यहूदी थे या ईसाई थे? (यहाँ कुरान खुद भी नहीं समझ पा रही, कन्फ्यूज है?) यहूदी थे या ईसाई। मोहम्मद साहब कह दीजिये कि तुम ज्यादा वाकिफ हो या अल्ला तआला। कौन कह रहा है? कि कह दीजिये कौन है?

– मोहम्मद साहब व इस्लाम का जन्म जैसा कुरान कहती है। 2-127, 2-142, 3-109, 7-157 (पैगम्बर व जमायत का जन्म होता है)

2-134   3-94 आप कह दीजिये कि अल्लाह ने सच-सच कह दिया सो तुम मिल्लते-इब्राहिम की इत्तिबा करो जिसमें जरा टेढ नही और वह मुशरिक भी ना थे। सवाल - कौन है? यहाँ कुरान में आम लोगों से (सर्टीफिकेट) प्रमाण-पत्र लेने की कोशिश कर रहा है? कि अल्ला ने सच-सच कह दिया - क्या अल्ला भी झूठ बोलता है जो यह दलील (सफाई) देनी पड़ रही है?

38-83   इरशाद हुआ कि मैं सच कहता हूँ और मैं तो हमेशा सच ही कहा करता हूँ। ये सफाई/दलील देने की जरूरत क्यों आन पडी?

2-124   हमने काबा शरीफ को लोगों की ईबादत की जगह और अमन मुकर्रर किया, कभी-कभी नमाज पढ़ने की जगह बना लिया करो। (यहाँ ये हमने कौन है?) यहाँ अल्ला बोल रहे है या हमने? कभी कहा जाता है आप कह दीजिये, कभी हमने ईबादत की जगह। बड़ा कन्फ्यूजन बना हुआ है। सच क्या है?

–   इतिहास व सच्चाई भी यही कहती है यीशु के (बाईबल) छः सौ (600-700) साल लगभग बाद कुरान व इस्लाम का जन्म हुआ। मौलाना सदरूद्दीन इस्लाही की किताब में ईसवी से यह अगस्त (610) छः सौ दस ई. बाद का जमाना था।

6-90   कुरान को आदमी का कलाम क्यों कहा गया? 11-34, 21-4

54-17   आद ने भी पैगम्बर व कुरान को झुठलाया, ऐसा क्यों?

2-100   एक फरीक ने अल्ला की किताब को पीछे डाल दिया, जैसे गोया बिल्कुल इल्म ही नहीं। ऐसा क्यों?

– कुरान में इतना कन्फ्यूजन (क्या सच है क्या झूठ है) क्यों? कही पर आयतों के लिये आम लोगों का सहारा, कहीं पर "आप कह दीजिये" कही पर "आप कहिये", कही पर "कह दीजिये।" यहाँ क्या छुपाया गया है? कुरान अल्ला ने उतारी या लिखने वाला बार-बार सहारा मांग रहा है। कुरान में देखे 2-139, 5-67, 6-90, 7-157, 18-23, 18-28, 28-48, 2-96, 2-141, 3-63 यहाँ अहले किताब कुरान के लिये कहा जा रहा है। (आम लोगों से कहा जा रहा है) आप फरमा दीजिये, आम लोगों से सर्टिफिकेट प्रमाण-पत्र लिया जा रहा है। तुम कह दो, तुम गवाह हो, कि हम मानने वाले है।

2-214, 2-141, 3-19, 4-77, 4-175, 5-3, 6-108, 10-33, 34, 37, 49, 68, 39-10, 10-93,11-12, 11-34, 19-74 में आप फरमा दीजिये? ये मोहम्मद सा. बोल रहे है या कौन? मोहम्मद साहब आम लोगों पर क्यों (डिपेन्ड) आश्रित है? हर बात आम लोगों पर क्यों डाल देते है? कि आप कह दीजिये, आप फरमा दीजिये। 10-93, 11-34, 20-134, आप उन लोगों से पूछ लीजिये, वे आपको सच बतलायेंगे। यहाँ ना तो अल्ला, ना ही मोहम्मद अपने पर लेते है, हर बात आम लोगों पर डाल देते है। ऐसा क्यों? यहाँ अल्ला को पीछे क्यों किया गया?

2-110 कुरान में यहूदी और ईसाई के अलावा जन्नत में कोई और नहीं जाने पायेगा। जैसा ये कहते है। आप कहिये कि ये दिल बहलाने की बाते है, ऐसा क्यों? जबकि ये लोग तो इंजील पर ईमान रखते है। कुरान भी तस्दीक करती हैं। कुरान में इनको काफिर कहना, दोस्त नहीं बनाना, कियामत तक के लिये दुश्मनी डाल देना। ये सब क्या है?

- यहाँ दो बाते करके क्या छुपाया गया है? ये दिल बहलाने की बाते है। ये कौन कह रहा है? अल्ला या मोहम्मद सा. या लिखने वाला?

- कुरान में बाईबल को अल्ला की दूसरी किताब कहा गया। कुरान कहती है कुरान समझ में नहीं आये तो इंजील पढ़ो, तुम्हारा हिसाब इंजील (बाईबल) से लिया जायेगा। फिर इनको (यहूदी और ईसाईयों को) दुश्मन क्यों बनाया गया?

4-50 कुरान में ये मुसलमानों के मुकाबले ज्यादा सही रास्ते पर है, यहाँ यहूदी और ईसाईयों के लिये कहा जा रहा है। काफिर भी बोलना, सही भी बोलना, कैसा विरोधाभास है?

- यहूदी-ईसाई ना तो कुरान पर ईमान रखते है ना ही इसको तस्दीक करते है। कुरान की नजर में काफिर व बे-अक्लमंद माने गये, बन्दर, गधे-सुअर माने गये। आज दुनियाँ में जितने भी बन्दर, गधे, सूअर मिलते है वे सब काफिर लोग है? कुरान के हिसाब से।

5-81 में ईसाईयों को आलिम क्यों कहा गया? कभी बे-अकलमंद कहा जाता है कभी अकलमंद ये दो-दो बातें क्यों है?

- कुरान की आयतों में इतना कन्ट्रोवर्सी, विरोधाभास क्यों है? क्या नकल करते वक्त गलतियाँ हुई या लिखते वक्त। क्या सच है? लिखने वाले ने किस मानसिकता में लिखा? कैसे कहे कि लिखने वाला दिमागी तौर पर मजबूत था या नहीं?

37-113 हमने मूसा और हारून पर अहसान किया। क्या एहसान किया गया? कही जिक्र नहीं किया गया। क्या छुपाया गया है? कुरान ऐसा क्यों कहती है?

33-36   49, 50, 51, 54 में पैगम्बर की बीबियों पर अपने बापों के बारे में कोई गुनाह नहीं और ना अपने बेटों के, ना अपने भाईयों के, ना अपने भतीजों के, ना अपने भांजे के, ना अपनी औरतों के, ना अपनी बाँदियों के और खुदा से डरती रहो। सवाल - क्या किसी बीबी को अपनी बीबी बनाना जायज है?

सवाल - कुरान में पैगम्बर को किसी की भी औरत, बीबी पर अपना हक जताने का, अल्ला ने या मोहम्मद सा. या लिखने वाले ने दिया? यहाँ पैगम्बर को सही व औरतों को अल्ला या कुरान कह रही है कि खुदा से डरती रहो। यहाँ गुनहगार कौन है?

– बाईबल में ईश्वर की मर्जी के बिना अब्राहम - सारा की रजामन्दी से, मिस्री दासी हाजिरा से अब्राहम का बेटा होना गुनाह माना गया या नहीं। क्योंकि इसमें परमेश्वर की मर्जी नही थी। जैसा बाईबल कहती है।

– यहाँ कुरान में अल्ला ने पैगम्बर को छूट दी या अल्ला ने अब्राहम व मोहम्मद सा. के साथ में भेदभाव किया? क्या अल्ला नाबियों में भी भेदभाव करता है? या लिखने वाले ने गलती की या क्या छुपाया गया है? (ईश्वर की इच्छा के विरूद्ध अब्राहम की पत्नी के कहने पर अब्राहम दासी हाजिरा नाम की दूसरी औरत से अपना वंश बढ़ाना, ईश्वर की निगाह में गुनाह माना गया या नही?)

7-156   कुरान में ठहराये गये नाबियों द्वारा कुरान का इन्कार किया जाना। यहाँ तक कुरान पर शक हो तो बाईबल पढ़ो। 2-100, 5-45, 7-156, 25-4, 54-17, 54-22, 23, 24

37-7   ईमान वालों, नेक काम किये, उनके लिये ऐश की जन्नते है। कैसा लालच है?

3-27   28 काफिरों को खुले तौर पर दोस्त ना बनाये। मन की बात छुपाकर रखो।

सवाल-   यदि काफिर है तो दोस्त क्यों बनाते हो? रिश्ता भी बनाते हो और दरार (दीवार) भी खड़ी करते हो। यहाँ कुरान धोखा देना सिखाती है कि मन की बात छुपाकर रखो। क्या अल्ला बोल रहा है या मोहम्मद सा. या लिखने वाला कौन है?

–   कुरान में पूरब-पश्चिम का जिक्र आया, लेकिन उत्तर-दक्षिण का कही भी जिक्र नहीं आया। क्या लिखने वाले को ज्ञान नहीं था?

36-39   यहाँ सूरज और चाँद एक दायरे में तैर रहे है। (35-12, 37 भी देखे)

–   कुरान में समुन्द्र का पानी काला बताया गया। सूरज काले पानी में डूबता है। पार्ट-एक में देखे। 18-85
–   सूरज और चांद हिसाब के साथ (चलते) है। 55-4

36-37   सूरज अपने ठिकाने की तरफ चलता रहता है। यह अन्दाजा बाँधा हुआ है और उस खुदा ताआला का जो जबरदस्त इल्म वाला है। सवाल - यहाँ अल्ला को केवल अन्दाजा है कि सूरज चलता है? अन्दाजा कहकर सही-गलत का ज्ञान नहीं हो सकता।

52-18   19 अल्ला जन्नत में गोरी-गोरी, बड़ी-बड़ी आँखों वालों से निकाह करायेंगे। (कुरान में लड़कियों, औरतों को हूरे भी कहा गया है) सवाल - काले रंग वाली और छोटी-छोटी आँखों वाली कहाँ जायेगी?

55-40   कुरान में मुजरिम काले रंग के व नीली आँखों से पहचाने जायेंगे (क्या कुरान की नजर में काले रंग के व नीली

आंखों वाले सब गुनहगार है?) सवाल - अल्ला ने इनको पैदा ही क्यों किया? दुनिया में भेजा ही क्यों गया?

3-94   95, 96, 21-51, 55, 29-24, 37-84, 94 मैं तुझको तथा तेरी कौम को खुली गलती में देखता हूँ कुरान अब्राहम (इबराहिम) ने भी मूर्ति-पूजा, बुतों को गुनाह माना फिर वे मक्का जाकर वह मकान (काबा) जिसको मकामे इब्राहिम कहा गया, बरकत वाला, अमन वाला, रहनुमा वाला।

क्या काला पत्थर काबा की पूजा की जा सकती है, चक्कर लगाने की, सजदा की जा सकती है? ये हज है या पत्थर पूजना? क्या सही है? क्या इससे गुनाह माफ होते है? व जन्नत का रास्ता खुलता है? आज की तारीख में अल्ला के मानने वाले मजार, कब्रों पर चादर चढ़ाते है, फूल चढ़ाते है, धागें बांधते है, लोबान, अगरबत्ती जलाते है, फातिया पढ़ते है, दुआयें करते है। क्या ये मूर्ति पूजा में आता है या नहीं?

- बाईबल के अनुसार अब्राहम यहूदी थे। वे कभी भी मक्का नहीं गये, ना ही उस समय इस्लाम का उदय हुआ था। ना ही बाईबल में मक्का जिक्र आया कुरान में विरोधाभास क्यों?

- मूसा-हारून की बहन मरयम को यीशु की माँ कहा गया? जबकि बाईबल में यीशु (ईसा मसीह) का जन्म 1400 चौदह सौ साल बाद (चौदह पीढ़िया बीत जाने के बाद) दूसरी मरयम नाम की स्त्री जो यीशु की माँ थी, से हुआ था। क्या यीशु का जन्म मिस्र देश के बादशाह फिरोन के समय में हुआ था। फिरोन के समय में मूसा-हारून ही थे। इनकी बहन मरयम को यीशू की माँ कैसे बताया गया। ये सरासर गलत कुरान में लिखा

गया है कि नहीं? बाईबल से नकल करने व समझने में लिखने वाले से बड़ी गलती हो गई। इन चौदह सौ पीढ़ी में अनेक नबी हुए जिनका बाईबल में बहुत ही विस्तार व गहराई से बयान किया गया है। यीशु का जन्म रोम, यूनानी साम्राज्य के दरमियान में हुआ था। जिसके अनेकों सबूत इतिहास में आज भी मौजूद व गवाह है। सवाल यह है कि मिस्र के बादशाह फिरोन के समय में व रोम यूनानी साम्राज्य में कितने साल का फर्क है? आप खुद देखे।

– यहाँ अल्ला से गलती हुई या लिखने वाले से या नकल करने वाले से या ना समझने के कारण गलती हुई?

3-44   कुरान में मरियम को फरिश्तों ने कहा। खुश खबरी दी, गर्भवती होने के बारे में।

19-15   मरियम को फरिश्ते (एक फरिश्ता - जिबराईल) ने कहा। सवाल - कुरान में कभी एक फरिश्ता तो कभी फरिश्तों ने कहा, किसको सच माने। यहाँ अल्ला से गलती हो गई या मोहम्मद सा. से या लिखने वाले से? क्या सच है?

5-71   में कुरान कहती है जिन्होंने कहा अल्ला तआला ऐन मरयम के बेटे मसीह है। यहाँ भी मसीह ईसा को खुदा का बेटा कहा गया। पार्ट- एक को पढ़े। 3-51, 4-170, 5-71, 5-109, 19-18, 19-32

– यहाँ मसीह ईसा (यीशु) को कुरान के हिसाब से 3-38 में कल्मीतुल्ला की तस्दीक करने वाले होंगे और मुक्त्तदा यानी रहनुमा होंगे और उनकी पैरवी की जायेगी, अपने नफस को बहुत रोकने वाले होंगे और नबी भी होंगे, आला दर्जे के सलीके वाले होंगे। 3-44,

3-45 में एक कलिमे की, जो अल्ला की जानिब से होगा, उसका नाम मसीह ईसा आबरू वाले होंगे दुनियाँ में और आखिरत में मुकर्रबीन में से होंगे। इसकी तौरात और इंजील भी गवाही देते है।

5-71 कुरान में भी यीशु को खुदा का बेटा कहा गया है। 5-109 में यीशु को अल्ला ताईद (मुख्तार, वारिस) भी बनाता है। कुरान के हिसाब से पैगम्बर बोला गया। यीशु को मौजमें (चमत्कार) करने की ताकत, मरकर जिन्दा होने की ताकत भी देता है, 19-32 जिसमें साफ लिखा है पैदा हुआ, इन्तकाल करूंगा और जिन्दा करके उठा लिया जाऊंगा। ईसा के बारे में कोई गलत बात (हुज्जत) करे तो अल्ला की लानत उन पर नाहक हो। अल्ला यीशु को 3-51, 3-54 में, मैं तुमको (यीशु) वफात (डैथ ऑफ बिलीवर) वापस जिन्दा होना, मरकर जी उठना, मौत पर फतह पाना, मौत को जानने वाला, देने वाला हूँ। वफात का अर्थ 2-239 में भी समझा जा सकता है। 4-156 में कुरान कहती है कि मसीह ईसा को ना तो मारा गया, ना ही सूली पर चढ़ाया गया, यह गलत है। 4-57 बल्कि उनको खुदा ने उठा लिया। ये विरोधाभास क्यों है?

2-252 अल्ला ने ईसा मसीह (यीशु) को रूहुल-कुदूस से ताईद किया। (ताईद का मतलब - मुख्तार करना, वारिस करना, सहायक बनाना, पार्टनर बनाना)

सवाल- हज. मोहम्मद या कुरान के किसी भी नबी को यह ताईद क्यों नही दी गई? उलटा मोहम्मद सा. लोगों से बार-बार कहते है कि आप कहिये कि मुझे अल्ला मेरा रब मुझको दलील बनने से इससे भी नजदीक बात बतला दे। (18-23, 25, 28) क्या अल्ला मोहम्मद सा. की बात को सुनता नही था?

19-14   19-32 कुरान कहती है कि यीशु जिन्दा करके उठाया जाऊँगा। इसका मतलब यीशु ने क्रूस पर अपनी जान दी। यहाँ मरना (इन्तकाल) और जिन्दा करके उठाया जाना। मुस्लिम यीशु मरा नहीं का इन्कार क्यों करते है?

– कैसे यकीन किया जाये कि मोहम्मद सा. पैगम्बर थे? जो बार-बार आम लोगों से हर बात में सहारा मांग रहा हो। जैसा कुरान कहती है। 26-124, 142 में मैं तुम्हारा अमानतदार पैगम्बर हूँ। (पैगम्बर और अमानतदार में क्या फर्क है?)

– कुरान एक तरफ तो शराब पीने को नाजायज ठहराती है। इसे गुनाह माना गया है। लेकिन मरने के बाद जन्नत में अल्ला सफेद शराब, सौंठ की शराब, शराब की नहरें, चाँदी और काँच के गिलासों में नौ उम्र लड़कियाँ, लड़के, औरतों द्वारा दी जायेगी। एय्याशी का पूरा सामान, मेवे, गोश्त, रेशम के महीन कपड़े पहने लड़कियाँ, औरतें, नहरे, बाग सब दिये जायेंगे। जैसा कुरान कहती है। कुरान में जीते-जी शराब पीना नाजायज क्यों किया गया? मरने के बाद जन्नत में सब कुछ जायज होगा। 37-44, 45, 46, 38-50, 47-14, 52-21, 22, 56-17, 76-4, 78-33, 83-24

यहाँ तक जन्नत में शराब के लिये छीना-छपटी भी करेंगे। 52-21, 22

औरत को कुरान में कैसे-कैसे परोसा गया है। पार्ट-एक में 50-60 आयतों को पढ़कर आप खुद ही नतीजा निकाले ज्यादा अच्छा होगा।

19-15   कुरान में अल्ला एक फरिश्ते को (जिबराइल) आदमी बनाकर नहाते समय (जब वह नहाने की अवस्था में थी) में औरत के पास क्यों भेजा? क्या ये समय ठीक था? जबकि नहाने वाली औरत मरयम थी। जो रहम की भीख मांग रही थी, कि अगर तू खुदा से डरने वाला है तो यहाँ से हट जायेगा।

3-44   मरयम के पास अल्ला ने फरिश्तों (एक नहीं एक से ज्यादा) को भेजा। यहाँ एक खुशखबरी देने के अल्ला एक फरिश्ता भेजता है या एक से ज्यादा फरिश्तों को भेजता है?

- कुरान की एक आयत कुछ बोलती है दूसरी आयत कुछ और। यहाँ किससे गलती हो गई?
- किताब उतारने वाले से या लिखने वाले से या नकल करने वाले से? क्या छुपाया गया है?
- अल्ला को नहाते समय औरत के पास फरिश्ते या फरिश्ता को भेजने का यही समय मिला था? कुरान की आयतों में इतना उलट फेर (विरोधाभास) क्यों है?

5-32   कुरान में लिखा है जो अल्ला या उसके रसूल से लड़ते है, मुल्क में फसाद फैलाते है, उनकी यही सजा है कि कत्ल किये जाये या सूली दी जाये या उनके हाथ-पांव काट दिये जाये या जमीन से निकाल दिये जाये।

- क्या यीशु (ईसा मसीह) ने जिनको कुरान में पैगम्बर कहा गया, ने कुरान के विरूद्ध, उलट उपदेश अपने दुश्मनों से प्रेम करना, नम्र बनो, एक दूसरे को माफ करो, बदला ना लेना, खून, हत्या ना करना, किसी के मकान, धन, स्त्री, दास-दासी का लालच नहीं करना, व्यभिचार नही करना, शान्ति का सन्देश देना, जैसा बाईबल कहती है।

- कुरान में बाईबल के विपरीत नफरत, डराना, गुलाम बनाना, बदला लेना, यहाँ तक मरने के बाद भी बदला लेने को कहती है। कुरान को मानने वाले ईमानदार खुदा के बन्दे, जबकि कुरान को नहीं वालों को बे-ईमान काफिर, अल्ला को ना मानने वाला, बे-ईमान आदि कहकर मारना-कूटना, कत्ल करना, अल्ला के द्वारा जन्नत का तोहफा, शराब, हूर की परियाँ, नौ उम्र की लड़कियाँ, ऐश का सामान का वायदा करती है।
- यहाँ यीशु के द्वारा दिये गये उपदेश, क्या कुरान की आयतों से अलग हटकर अलग दिशा को जाहिर नही करते या उलट, विरूद्ध नही है क्या? 5-32 के हिसाब से ईसा को रसूल कहा जाये या नही?
- यदि कुरान अल्ला की दी हुई किताब है तो बाईबल और कुरान की आयतों में फर्क क्यों है? बाईबल के लगभग छः सौ - सात सौ (600-700) साल बाद में कुरान लिखी गई। जैसा जगह-जगह आया है?
- यदि बाईबल में यीशु (ईसा मसीह) ने कुरान के हिसाब से गलत किया तथा उलट उपदेश दिये तो यीशु को कुरान में पैगम्बर नही बनाया जाना चाहिये था क्योंकि बगावत तो हुई है लेकिन किसके द्वारा? यहाँ सोचने का विषय है। सवाल पैदा करता है।
- यहाँ अल्ला से गलती हो गई यीशु को रसूल बनाने में या लिखने वाले से या नकल करने में गलती हो गई या बाईबल को समझने में। ये कैसा उलटफेर, विरोधाभास दिखता है? क्या सच है? क्या छुपाया गया है?
- कुरान के हिसाब से ईसा मसीह (यीशु) की दो माँ बताई गई है। पहली - मरयम, जो मूसा-हारून की

बहन बताया गया है (9-27), दूसरी - मरयम, जिसमें जकरिया को सरपरस्त बताया गया है (3-36) मूसा-हारून व जकरिया में समय के पैमाने का बहुत बड़ा अन्तर है? मूसा-हारून का जन्म तो यीशु के चौहदह सौ (1400) साल पूर्व (चौदवी सदी पूर्व) में फिरौन राजा के समय में हुआ है। यहाँ मूसा-हारून की बहन मरयम को यीशु की माँ कहा गया। जकरिया का समय रोम व यूनानी समय के दरमियान का है। जब ईसा (यीशु पैदा हुए) जैसा बाईबल कहती है।

सवाल यह है कि क्या ईसा का जन्म उस समय में हुआ? तो ईसा ने इस्राएलियों को मिस्र की गुलामी से क्यों नहीं छुड़ाया? मूसा की जरूरत क्यों पड़ गयी? 37-113 में अल्ला ने मूसा-हारून पर कैसा एहसान किया? जिसका जिक्र कही भी नहीं किया गया?

19-29   जब ईसा गोद का बच्चा समझदार होकर बोल भी सकता है कि मैं अल्ला का खास बन्दा हूँ, अल्ला ने मुझे इन्जील दी, नबी बनाया, बरकत वाला बनाया, नमाज और जकात का हुकम दिया, तो ईसा ने इस्राएलियों को गुलामी से क्यों नहीं छुड़ाया? जैसा कुरान कहती है।

3-36   ये कौन सी मरयम है, जिसे ईसा की माँ बताया गया। जकरियाँ को सरपरस्त कहा गया? ये कैसा कन्फ्यूजन पैदा किया गया?

–   जबकि बाईबल, इतिहास, रोम का साम्राज्य व अनेकों सबूत जो आज तक कायम है बताते है कि यीशु (ईसा) का जन्म इजराइल के बैतलेहम शहर में मरयम नाम की स्त्री, जो यीशु की माँ कहलायी। इस्राइल देश में ही

2000 दो हजार (ईसा पूर्व) पूर्व रोम साम्राज्य द्वारा उनको सूली दी गई व सूली पर लटकाया गया था। जिसे पूरी दुनिया आज तक स्वीकार करती आ रही है। समय का पैमाना भी (बिफोर क्राईस्ट एवं एनॉडोमिनी अर्थात ए.डी.) ईसा पूर्व व ईसा बाद (बी.सी. व ए.डी.) द्वारा स्वीकार किया जाता है। ईसा से ही समय क्यों माना गया? ईसा से ही ईसवी क्यों बनी? जिसे पूरी दुनिया द्वारा समय का पैमाना स्वीकार किया गया है, जो आज तक कायम है।

– यदि ईसा का जन्म मूसा-हारून के समय में होता तो पूरी दुनियाँ का समय का पैमाना भी बदल जाता, सदी भी बदल जाती? मुसलमानों द्वारा हिजरी से समय को नापा जाता है। क्यों दुनिया इस बात को नही मानती? क्या कुरान को सच माना जाये या आज की दुनियां को सच माना जाये, कौन झूठ बोल रहा है? क्या सच है? क्या छुपाया गया?

19-29 में अल्ला ने गोद के बच्चे को इंजील (बाईबल) देकर नमाज पढ़ने को कहता है। यहूदी-ईसाई जिनका ईमान बाईबल पर है। वे कैसे नमाज पढ़ेंगे। यहूदी-ईसाई ना तो पहले नमाज पढ़ते थे ना ही आज की तारीख में। यहूदी-ईसाईयों को तो कुरान की नजर में काफिर कहा गया है। यहाँ अल्ला से गलती हो गई या नकल करने में या लिखने वाले से। क्या छुपाया गया है?

– कुरान में मूसा को इस्राएली माना गया या नही। इस्राएलियों को खुदा की कौम माना गया या नहीं? बाईबल में इस्राइलियों को खुदा की कौम माना गया।

– बाईबल में साफ-सुथरी भाषा में मूसा को कहा गया, वापस जा और अपनी कौम इस्राएलियों को मिस्र की गुलामी से निकालकर ला, मैं तेरे साथ हूँ।

यदि मूसा व इस्राएली कौम ईसा की चुनी हुई कौम नही होती तो अल्ला को क्या जरूरत पड़ गयी थी कि उनको मिस्र की गुलामी में से क्यों कर छुड़ाकर लाता? जैसा बाईबल भी कहती है और कुरान भी, यदि नहीं माना जायेगा तो कुरान गलत ठहर जायेगी। (आज की तारीख में इस्राएलियों को मुसलमान अपना विरोधी, काफिर क्यों मानते हैं? क्यों इस्राएल देश का तथा इस्राएलियों का वजूद मिटाना चाहते है?)

– ईश्वर (अल्ला) की आराधना, दुआ-बन्दगी तो किसी भी दिशा में की जा सकती है। फिर कुरान 2-143, 2-148 में खुदा की ईबादत काबा की तरफ अपना मुँह करने से ही कबूल की जा सकती है? क्या खुदा की मौजूदगी सब तरफ है कि नही है?

2-157 हज करने, उमरा करने पर, काबा के चक्कर काटने पर सबके गुनाह माफ हो जाते है। आस्था की चादर ओढ़कर इसे सच माना जा सकता है। लेकिन सच्चाई में सवाल पैदा करता है? क्या सच है? ये बुत-परस्ती है या नहीं? बाईबल (इंजील) में कहीं भी नही आया कि हज करो।

2-141 आप फरमा दीजिये कि सब पूरब और पश्चिम अल्लाह ही की मिल्क है। सवाल है कि उत्तर-दक्षिण का पूरी कुरान पढ़ने के बाद भी कही भी जिक्र नहीं आया। बार-बार पूरब-पश्चिम का ही जिक्र आया? क्या कुरान को उत्तर-दक्षिण का ज्ञान उस समय में नहीं था। उत्तर-दक्षिण को अल्ला की मिल्क क्यों नहीं माना गया। क्या लिखने वाले को इल्म नहीं था?

19-25   फिर उस फल को खाओ और वह पानी पियो और आंखे ठण्डी करो। फिर अगर आदमियों में से किसी को भी एतिराज करता देखो तो कह देना कि मैंने तो अल्ला के वास्ते रोजे की मन्नत मांग रखी है, सो आज मैं किसी आदमी से नहीं बोलूँगी।

- कुरान की इस आयत पर गौर किया जाये। क्या अल्ला यहाँ झूठ बोलना सिखा रहा है? यहाँ कौन बोल रहा है? कि पहले खूब खा-पी लो, कोई एतराज करे तो झूठ बोल दो कि रोजे रख रखे है?
- बाईबल और कुरान में आसमान जमीन का फर्क क्यों है?

आज ये बात सच साबित होती है कि सच क्या है? ना तो ईमान लाना ना ही इन्कार करना। क्योंकि अल्ला की तीसरी किताब कुरान ने इनको (मुस्लिम समाज को) बाँध रखा है। यदि इंजील (बाईबल) का इन्कार करते है, तो कुरान गलत ठहर जायेगी। यदि मानते है तब भी गलत ठहर जायेगी? सवाल यह उठता है कि झूठ की बुनियाद पर लिखी गई कोई भी किताब पर ईमान की चादर चढ़ाई जाये। इसको ओढ़कर दिल-दिमाग को कैद कर लिया जाये तो सच का सामना कभी भी (मुस्लिम समाज) नहीं हो पायेगा। बाहर निकलना ही होगा, खुले दिमाग से सोचना होगा। उसके बाद ही सच क्या है? पहचाना जा सकेगा। कुरान की ये आयत कहती है कि कुरान को बदला गया 54-39 हमनें कुरान को नसीहत हासिल करने के लिए आसान कर दिया।

प्रश्नः   आसान कैसे किया गया? तब्दीलियाँ की गई या अपने हिसाब से ढाला गया?

इस्लाम पर ईमान लाने से पहले इन्सान बनना जरूरी है।

तो ईमान लाना, ना ही इन्कार करना

"कुरान" हजरत मौलाना अशरफ अली थानवी (अरीब पब्लिकेशन्स) व लईक बुक डिपो, दिल्ली-6 की किताब पढ़ने के बाद यकीन ही नही हुआ कि कुरान अल्ला के द्वारा ऊपर से उतारी गई है?

कुरान की बहुत सी आयतों को पढ़ने के बाद सवालों की बाढ़ लग गई। लेकिन यहाँ कुछ आयतों का ही जिक्र करूँगा। आपको मेरे द्वारा लिखे गये लेख को अधिक समझने के लिये पार्ट-एक व पार्ट-दो को पढ़ना पड़ेगा। अधिकतर यहाँ संक्षेप में ही जिक्र किया गया है।

कुरान में कुल 114 किताबे आयी है। 88 किताबें मक्का में 26 किताबें मदीना में उतारी गई। कुल 6236 आयतें है। इसे तीसरी किताब कहा गया। दो जगह जबूर को भी किताब माना गया।

कुरान एक बार में उतारी गई या अलग-अलग? या अलग-अलग नाबियों ने लिखी? कही पर कुरान मुहम्मद सा. पर उतारी गई? 16-43, 16-63, 57-8 कही पर खास बन्दे पर 25-1, कही पर फरिश्तें का लाया हुआ 2-22, 2-145, कही पर हमने फरिश्तों तक को हुकम दे रहे थे? हमने कौन है कुरान में कहीं भी जिक्र नहीं? 6-18, 6-154, 17-104, 18-49, 24-1, 29-46, 29-50, 64-7, कही पर बरकत वाली रात शबे कद्र में उतारा गया 44-2, कही पर रब्बुल आलमीन का भेजा हुआ (कौन है)? 26-191, कही पर हमने आप पर नाजिल फरमाई 29-46, 29-47, 2-145, 2-22, कही पर रहमान-रहीम की तरफ से नाजिल

हुई 41-1, कुरान में अनेको बार आया कि हमने कुरान को नाजिल किया 6-18, 6-154, 17-104, 29-46, 29-50, 39-1, 39-40, 67-7, 51-37, 42-6, कही पर आया मैंने नाजिल की 2-38, 2-40, कही पर आया यह उस जात की तरफ से नाजिल किया गया 20-3, कही पर आया अल्ला गालिब हिकमत वाले की तरफ से नाजिल हुई 36-4, 39-1, 45-1, कही पर आया कुरान एक फरिश्ते जिबराइल का लाया हुआ है 81-91, कही पर आया कुरान को थोड़ा-थोड़ा करके उतारा 25-31, 76-22 कहीं पर आया कुरान में हमने जगह जगह फासला रखा ताकि लोगो के सामने ठहर ठहर कर पढे। और इसको उतारने में भी दर्जा बदर्जा और सिलसिलेवार उतारा। उनसे कहिये कि तुम अपनी दलील पेश करो, यह मेरे साथ वालो की किताब यानि कुरान और मुझसे पहले लोगो की किताबे यानि तौरात इन्जील व जबूर मौजूद है 21-23 (इन आयतों को पढ़ने के बाद कन्फ्यूजन बढ़ गया) और यकीन कम हो गया कि क्या सच है क्या झूठ है?

प्रश्न - ये अल्ला की किताबें या लोगों की किताबें है? किसको सच मानें?

67-8 में हमने झुठला दिया और कह दिया कि अल्लाह ने (अहकाम व किताबे) कुछ नाजिल नही किया। कुरान सबसे पहले हम, हमने पर उतारी या मोहम्मद सा0 पर या नकल करले वाले पर या लिखने वाले पर? उसके बाद मोहम्मद सा0 को पढ़ पढ़कर सुनाते है? या किसको? यहाँ अल्ला अलग है और हम, हमने अलग है। 45-5

20-98 में हमने आपको अपने पास से वसीयतनामा (यानि कुरान) भी दिया है।

हम जबूर (और सब आसमानी किताबों में जिक्र (यानि लोहे महफूज में लिखने) के बाद लिख चुके है कि इस जमीन के मालिक मेरे नेक बन्दे होगें। 22-104

प्रश्न - कुरान में यह आया है कि यह किताब ऊपर से उतारी गई, लेकिन ये आयत 22-104 तो कहती है कि लोगो के द्वारा लिखी गई है। किसको सच माना जायें? कहीं पर आया यह किताब हमने भेजी 35-30

- यह कुरान रब्बुल-आलमीन का भेजा हुआ है 26-191
- इसको अमानतदार फरिश्ता लेकर आया। 26-192
- मगर ये सब किताबे मुबीन (स्पष्ट, साफ-साफ) में लिखी हुई है। 34-2
- जिन लोगो को आसमानी किताबों का इल्म दिया गया। वे इस कुरान को जो कि आपके रब की तरफ से आपके पास भेजा गया 34-5

प्रश्न - ये किताबें लिखी गई या आसमान पर से उतारी या मोहम्मद सा0 पर उतारी गई या.......? बडी गफलत, शक में डालती है? सच क्या है?

- कुरान में 40-50 बार के लगभग आया
- कुरान में बार बार आया यह महज एक घड़ा हुआ झूठ है, खुला जादू है 34-42

कुरान में ईसा मसीह (यीशु) का नाम पच्चीस (25) बार आया है। जबकि मोहम्मद सा. का नाम केवल चार (4) बार आया है। कुरान में काफिर शब्द (368) तीन सौ अडसठ बार आया है। कुरान में कत्ल (81) इक्यासी बार आया है। कुरान में केवल एक औरत का ही नाम आया है (मरयम) जिसे यीशु की माँ कहा गया है तथा पाक-पवित्र का दर्जा दिया गया है लेकिन नहाते

समय औरत मरयम के पास जिबराइल फरिश्ते को भेजना, अल्ला के द्वारा ठीक है? 19-15, 16, 17 लरना पूरी किताब में औरतों को आदमियों के सामने थाली में बिना अहमियत के परोसा गया है इस किताब में जीते-जी व मरने के बाद भी इनका कैसे बयान किया गया है, खुद ही पढ़कर देख ले।

अल्ला का इनाम इन्सान के जीते जी व मरने के बाद कैसे परोसा गया, खुद पढ़े। कुरान में अल्ला की तरफ से तीन किताबें - तौरात, इंजील व कुरान उतारी गई (दो जगह जबूर का भी नाम आया।

बाईबल (इंजील) के छः सौ साल बाद तक अल्ला क्यों सोचता रहा कि बाईबल में क्या कमियाँ रह गयी जो कुरान को उतारना पड़ा? नकल भी (सिस्टेमेटिक) व्यवस्थित तरीके से नही की गई। ऐसा क्यों?

यदि अल्ला से गलती हुई तो वह (गॉड) ईश्वर नही है। यदि किसी इन्सान की लिखी हुई किताब है तो निश्चय ही गलतियाँ तो होगी ही?

इंजील (बाईबल) के समय में रोम, यूनान, मिस्र, चीन की सभ्यातायें बहुत विकसित थी। अरब के

अनपढ़ों के बीच ही कुरान क्यों उतारी गई?

अधिकतर कहा जाता है कि अनपढ़ों को जल्दी बेवकूफ बनाया जा सकता है, पढ़े-लिखे लोगों की अपेक्षा। कही ऐसा तो नहीं हमें ईश्वर ने बेवकूफ बनाया या कुरान को लिखने वाले ने, किस पर यकीन किया जाये?

कुरान पर शक-शूबा का एक अलग अध्याय लिखा गया है, उस पर गौर करें।

सब धर्मो में कहा जाता है कि पैदा करने वाला, जिन्दगी देने वाला, व लेने वाला केवल ईश्वर (गॉड) है। फिर ईश्वर ने दुनियाँ में भेजे गये लोगों के बीच में नफरत-भेद-भाव क्यों पैदा कर दिये?

कुरान में यहूदी, नसारा (ईसाई) और अन्य जातियों में नफरत, भेद-भाव क्यों डाल दिये गये।

इनको कुरान की नजर में काफिर कहा गया है। जो कुरान पर ईमान नही लाते? 2-5, 4-135, 4-166, 5-13, 5-50, 5-53

ईसाईयों के लिये अहद लिया गया जो हमने उनमें आपस में कियामत तक के लिये बुगूज और दुश्मनी डाल दी, 5-13, 5-50, 5-53 यहूद और ईसाईयों को दोस्त मत बनाना? कुरान में देखे।

प्रश्न यह है कि यहूद और ईसाई तो इंजील पर ईमान रखते है, फिर इनको दुश्मन क्यों बनाया गया?

जबकि कुरान में बार-बार आया कि ये तौरात और बाईबल इंजील (बाईबल) पढ़ो 2-120, 145, 5-47, 7-156, 10-36, 10-93, 10-94 कुरान तो यहाँ तक कहती है कि तुम्हारा हिसाब इंजील से लिया जायेगा।

कुरान को मानने वाले कहते है कि बाईबल (करेप्ट) बदल दी गई है। लेकिन कुरआन कहती है बार-बार तौरात, इन्जील की पुष्टि सर्टिफाईड करती है। ये हक के साथ उतारी गई। अहले किताबें 1-156, 5-67, 6-114, 115, 10-93, 94, 18-26।

बे-बुनियाद आरोप कहीं अपनी कमजोरियों को छिपाने के लिए तो नहीं कहा जाता। क्या अपनी

गलत बात को ऊँचा रखना चाहते है? जबकि 54-39 हमने कुरान को नसीयत हासिल करने के लिए आसान कर दिया। यहाँ कुरान बदली गई या नही? कुरान बार बार बदली गई।

कुरान में कही भी नहीं कहा कि बाईबल बदल दी गई, बल्कि कुरान की 3-3 व 6-114 में तौरात और इंजील सही थी व अल्ला का कलाम खराब नही किया जा सकता है।

कुरान में ईसा को खुदा की रूह, कलमितुल्ला - खुदा का कलाम और ईसा मसीह क्यों कहा गया?

3-44, 3-45

यदि मुस्लिम इस पर ईमान नहीं लाते और बाईबल को नही मानते तो कुरान गलत ठहर जायेगी।

कुरान तो यहाँ तक कहती है कि यीशु खुदा का कलाम है - क्रियेटर, दुनियाँ कैसे बनी? दुनियाँ कलाम के वसीले से (क्रियेशन)। यदि बाईबल झूठी तो कुरान भी गलत हो जायेगी। यदि मुस्लिम ये कहे कि खुदा का कलाम क्रियेशन है, कलाम से सारी चीजे बनाई गई तो फंस जायेगे। यहाँ कुरान गलत साबित हो जायेगी।

कुरान में काफिरों को दोस्त मत बनाओ, अल्ला की राह में मुँह फेरे तो उनको पकड़ो और कत्ल करो? 2-189, 2-190, 2-193, 3-9, 3-11 3-151, 4-88, 9-4, 9-72,

यदि काफिरों को कत्ल करते हो तो निश्चय ही अल्ला जन्नत देगा 9-110

यदि तुम अल्ला की मदद करोगे तो अल्ला भी तुम्हारी मदद करेगा (सब्जेक्ट टू कन्डीशन) 47-6 कुरान पर अमल व दीन ईमान की समझ रखने वालों को सही अकल वाले है, 2-6, 2-267

5-81 में ईसाईयों को आलिम (अक्लमंद) क्यों कहा गया? (दो-तीन जगह यहूद व ईसाईयों को बे-अक्ल वाले कहा गया)

कुरान में कही पर बेअकल वालों को, कही पर गधा 62-4, 41-40, 5-58, 5-59, 5-67, कही पर गधा, बन्दर, कही पर सूअर?

कुरान में मरयम को कभी एक फरिश्ते का जिक्र तो इसी सन्दर्भ में दूसरी जगह अनेक फरिश्तों का जिक्र? 3-44, 19-15 (यहाँ अल्ला सच बोल रहे है या लिखने वाला?)

कुरान में जीते-जी शराब पीना नाजायज कहा गया है? ये सब शैतानी काम है 5-90, 2-218 लेकिन मरने के बाद जन्नत में सफेद शराब, सौंठ की शराब, शराब की नहरें, चाँदी और काँच के गिलासों में नो उम्र की लड़कियाँ, लड़के, औरतों के द्वारा दी जायेगी। एय्याशी का पूरा सामान, मेवे, गोश्त, रेशम के महीन कपड़े पहने लड़कियाँ, औरतें, नहरे, बाग सब दिये जायेंगे। 37-44, 45, 46, 38-50, 47-14, 52-21, 22, 56-17, 76-4, 16, 78-33, 83-24

- यहाँ तक शराब के लिये छीना-छपटी भी करेंगे 52-21, 52-22

सवाल - कुरान में मुसलमानों के अलावा सब काफिर, बे-अकल वाले है तो इन काफिरों के द्वारा सुई, पिन से लेकर हवाई जहाज, मशीनें, राकेट, हथियार, खाने-पीने का सामान, मोटर-गाड़ियाँ, दवाईयाँ, नित-नई खोजे कैसे ईजाद की गई? इन काफिरों की बनाई हुई चीजों का ईमानवालों को इस्तेमाल नहीं करना चाहिये। यदि ये इतने ईमानदार है? मेरी नजर में अल्ला पर ईमान रखने वालों के द्वारा दुनिया में इन्सानों के लिये क्या बनाया?

- कुरान गुलाम बनाना सिखाती है। गुलाम पर लिखे गये अध्याय की 60-65 आयतों को देखे।

- कुरान में बार-बार डराया गया है 2-137, 2-212, 3-9, 3-11 लिखे गये डराने वाले अध्याय में 30-40 आयतों का अध्ययन करें।

- कुरान में भेद-भाव, नफरत पर लिखे गये पन्नों को भी पढ़े।

- कुरान में बदला लेना, इस अध्याय को भी देखे।

- कुरान में कत्ल करो को भी कत्ल के अध्याय में देखे। कुरान में (81) इक्यासी बार कत्ल का जिक्र किया गया है।

- कुरान में काफिर कौन है। इस अध्याय को भी इस किताब में देखे। विस्तृत में दिया गया है।

- कुरान में इन्सान के मरने के बाद भी दुश्मन से बदला ले सकता है 43-40 (यह कैसी आयत है?)

- कुरान में तलवार के साथ जिहाद कीजिये। 9-72, 3-151

- कुरान में अल्ला बदले के बदले, बदला लेने को कहे, क्या ये ठीक है? 2-193

- फरिश्तों ने कहा हम एक मुजरिम कौम की तरफ भेजे गये है. 5-32 (इसका क्या मतलब निकाले)?

- जिन्होंने(अल्ला) मेरी राह में जिहाद किया, शहीद हो गये, उनकी तमाम खतायें माफ कर दूँगा 3-194, (चाहे दुन्य्यावी जिन्दगी में कितने भी कत्ल किये गये है) उल्टे-सीधे तरीके अपनाकर मारो, मुसलमान बन जाये तो माफ कर दो। 9-4

- एक जगह अल्ला कहता हैं मैं तुमसे सच कहता हूँ। (अल्ला को सफाई देने की जरूरत क्यों पड़ गयी)? 38-83

- यहाँ तक कुरान और रसूल के बारे में भी सफाई देनी पड़ी (43-28)
- क्या एक बाप अपने बेटे की बहू से निकाह कर सकता है? (कुरान की यह आयत देखे 33-36) हजरत मोहम्मद सा. की नजर में यह जायज है या नहीं?
- कुरान पर उस समय के लोगों ने शक, जादू की किताब, नकल की हुई बताया, 43-29, 74-20, 21, 22 अधिक गहराई में आप शक-शूब्बा पर लिखे अध्याय को देखे। 6-90, 84-12
- यहाँ तक कुरान में ठहराये गये नाबियों द्वारा कुरान का इन्कार किया (7-156)। यहाँ तक कुरान पर शक हो तो बाईबल पढ़ो 5-45, 7-156, 25-4, 54-22, 23, 24, 54-17, 2-100
- क्या यीशु (ईसा मसीह) खुदा का बेटा है या नही। अलग से लिखे गये अध्याय पर भी गौर करें।
- क्या कुरान हमें शान्ति का सन्देश देती है या बाईबल इस अलग से दिये गये अध्याय को भी देखे।
- कुरान में यीशु को खास, मददगार क्यों कहा गया?
- कुरान में कम, लेकिन बाईबल में यीशु के चमत्कारों को बहुत ही विस्तृत गहराई (डिटेल) में बताया गया है।
- जबकि मोहम्मद सा. के द्वारा केवल कुरान ही ईजाद की गई, ऐसा क्यों?
- क्या इन बातों को पढ़कर मोहम्मद सा. को पैगम्बर माना जाये या नहीं?

मैंने कुरान को तीन-तीन बार पढ़ा, सोचा कही मैं गलती मैं तो नहीं हूँ। लेकिन अब यकीन के साथ कह सकता हूँ। मेरी नजर

में मैं इस किताब पर बिल्कुल भी ईमान नहीं ला सकता ना ही ये किताब शान्ति का सन्देश देती है।

बाईबल कहती है - जितनों ने मुझे देखा उन्होने पिता को देख। यीशु (ईसा) खुदा की तरफ से भेजा गॉड, अल्ला हमारा पिता हुआ। यीशु इन्सान बनकर दुनियाँ में आया तो खुदा का बेटा हुआ। 3-44, 45

कुरान कहती है कल्मीतुल्ला (खुदा का कलाम), रूह अल्ला (यीशु खुदा की रूह), ईसा मसीह आया जिसे पवित्र आत्मा कहा गया। इन तीनों को बाईबल में माना (स्वीकारा) गया है।

अब आप ही बताईये कि यीशु खुदा का बेटा हैं या नही?

कुरान पर शक-शूबा क्यों?

1. कुरान में तीन किताबों का जिक्र आया है। जो ऊपर से (अल्ला) की तरफ से उत्तारी गई है
   (1) तौरात
   (2) इंजील (बाईबल)
   (3) कुरान, कुरान की इन आयतों को देखे- 2-3, 2-22, 2-38
2. किताब तौरात के बाज पर तुम ईमान रखते हो और बाज पर ईमान नहीं रखते? 2-84, 2-100, 2-107
3. हालांकि तुम किताबों पर ईमान रखते हो? 3-118
4. अल्ला बड़े फजल वाले है मुसलमानों पर? 3-151
5. ऐ वे लोगों जो किताब दिये गये हो, इस किताब पर ईमान लाओ जिसको हमने नाजिल फरमाया, कि वह सच बतलाती है। इससे पहले कि हम चेहरों को बिल्कुल मिटा डाले और उनको उलटी तरफ की तरह बना या लानत करे? 4-46
6. वे उस किताब पर भी, और उस किताब पर भी जो आपसे पहले नाजिल की गई। शैतान के पास ले जाना चाहते है। हुकम हुआ कि उसको न माने, शैतान बहका कर दूर ले जाना चाहता है? 4-59
7. हमारें पास यह नविश्ता (तहरीर और किताब) भेजा है, इन लोगों के दरमियान मुवाफिकों 'फैसला करें, और आप उन खियानत करने वालों की तरफदारी न

कीजिये? 4-104, यहाँ हम, हमारे, हमनें अलग है और अल्ला अलग 45-5, जिसमें अल्ला की आयते हम आपको पढ़ पढ़कर सुनाते है। 45-5

8. ऐ ईमान वालों, उस किताब से और उन किताबों के साथ जो पहले नाजिल हो चुकी जो अल्ला का इनकार करें, कियामत के दिन का वह शख्स गुमराही में बड़ी दूर जा पड़ा? 4-135, 4-166

9. जो लोग कहते है हम ईसाई है हमने उनमें भी उनका अहद लिया था, जो नसीयत दी गई, एक बड़ा हिस्सा जाया कर बैठे तो हमने उनमें आपस में कियामत तक के लिये बुगूज और दुशमनी डाल दी और अल्ला उनका किया हुआ जतला देंगे। 5-13, 5-50, 5-53, (यहाँ हमनें अलग लोग है और अल्ला अलग है) हमनें का अल्ला से इन्सानी रिश्ता है या नहीं? (कुरान की 45-5 आयत भी देखें।)

10. ऐ ईमान वालों तुम (यहूद) यहूदी और ईसाईयों को दोस्त मत बनाना? यहूद और ईसाई अल्ला की किताब इंजील पर ईमान रखते है, फिर दुशमन क्यों बनाया गया? 5-50 कुरान में बार-बार आया है कि ये दोनों किताबें अल्ला की देन है। कुरान समझ नहीं आये तो इंजील (बाईबल) पढ़ो। 2-120, 10-93, 10-94 अगर बाईबल गलत है तो कुरान (इस्लाम) गलत ठहर जायेगी।

11. अहले किताब तुम हममें कौनसी बात ऐतबार और बुरी पाते हो? 5-58, इनको अल्ला ने दूर कर दिया उनको बन्दर और सुअर बना दिया? 5-59, 5-67, जो ईमान नही लाये?

12. जो लोग काफिर है वे अल्ला पर झूठ लगाते है और अक्सर काफिर उनमें के अकल नही रखते? 5-102

13. सो उन्होंने उस सच्ची किताब को भी झूठा बतलाया, जबकि वह उनके पास पहुँची? 6-4, 22-50, 40-69, 43-29

14. फिर भी तुम शक रखते हो? 6-1, 40-69, कुरान की ये आयत 67-8, हमने उसको झूठला और कह दिया कि अल्ला ने कुछ नाजिल नही किया। ऐसा क्यो कहा? (ये हमनें कौन हैं?) कहीं पर कुरान को हमने नाजिल किया। किसको सच माने?

15. मगर वे उससे मुँह मोड़ते है? 6-3

16. काफिर लोग यही कहते है कि यह कुछ भी नहीं, मगर खुला जादू है? 6-6, 5:59, 62-4

17. लोग यूं कहते है कि उनके पास कोई फरिश्ता क्यों नही भेजा गया? अगर हम कोई फरिश्ता भेज देते तो सारा किस्सा भी खत्म हो जाता, फिर उनको जरा भी मोहलत न दी जाती? 6-7

18. अगर हम उनको फरिश्ता तजवीज करते तो हम उसको आदमी ही बनाते और हमारे इस फेल से फिर वही इशकाल होता, जो इशकाल अब कर रहे हो? यहाँ क्या अल्ला फेल हो गये? 6-8

19. कुरान को झुठलाने वालों का कैसा अन्जाम हुआ? 6-10

20. इसमें कोई शक नही सो वे ईमान न लायेंगे? 6-11, 2-107

21. मुझको यह हुक्म हुआ है कि सबसे पहले मैं इस्लाम कबूल करूं? 6-13 (यहाँ अल्ला कह रहा है या मोहम्मद सा. या लिखने वाला?)

22. आप कहिये कि गवाही देने के लिये सबसे बढ़कर चीज कौन है? मेरे और तुम्हारे दरमियान अल्ला गवाह है? मेरे पास यह कुरान बतौर वहूय के भेजा गया है, ताकि मैं कुरान से डराऊ? 6-18

23. ये जो काफिर है यू कहते है कि यह तो कुछ भी नही, सिर्फ बे-सनद की बाते हैं? 6-24

24. ये लोग औरों को भी रोकते है और खुद भी उससे दूर रहते है? 6-25

25. हम अपने परवर्दिगार की आयतों को झूठा न ठहराये? 6-26

26. इन्होंने अल्ला की आयतों को झूठलाया? घाटे में पड़े वे लोग? 6-30, 22-50

27. ये जालिम है आयतों का इन्कार करते हैं? 6-32

28. बहुत से पैगम्बर हुए उनको भी झुठलाया? 6-33

29. जो लोग हमारी आयतों को झुठलाते है वे तो बहरे, गूंगे हो रहे है, तरह-तरह की अन्धेरियों में है? 6-38

30. जो लोग हमारी आयतों को झूठा बतलाया उनको अजाब लगता है? 6-48, 40-69

31. ये ऐसे थे कि हमने उनके (मजमूए) को आसमानी किताब और हिकमत (के उलूम) और नबुव्वत अता की थी? 6-89 ये कुरान दी गई या दूसरी किताब? यदि तौरात दी जाती तो नाम दिया जाता, लेकिन कौन सी किताब दी गई? बहुत से लोग इन्कार कर रहे थे तो हमने किताब के लिये बहुत से लोग मुकर्रर कर दिये?

32. (ईमान नहीं रखने वाले) उन लोगों ने अल्ला की वैसी कद्र ना पहचानी, जबकि यूं कह दिया कि अल्ला ने इन्सान पर कोई चीज भी नाजिल नहीं की। आप

कहिये वह किताब किसने नाजिल की है जिसको मूसा लाये थे? यहाँ मोहम्मद सा. लोगों से कह रहे है कि आप कहिये कि यह किताब मूसा लाये थे। (क्या मोहम्मद सा. झूठ बोल रहे है?) प्रश्न यह है कि कुरान अल्ला से आयी या मोहम्मद सा. द्वारा दी गई? 6-90 (इंजील में मूसा कोई किताब नहीं लाये) खुदा की तरफ से दस हुक्म दिये गये (बाईबल पढ़े) सवाल - लोगों से सर्टिफिकेट क्यों मांगा जा रहा हैं?

33. आप कह दीजिये कि अल्ला ने नाजिल फरमाया है? 6-90

34. यह भी ऐसी ही किताब है जिसको हमने नाजिल किया जो बड़ी बरकत वाली है, अपने से पहली किताबों की तस्दीक करने वाली है, ताकि आप मक्का वालों को और आस-पास वालों को डरायें? 6-91

प्रश्न. बाईबल के हिसाब से मूसा कोई किताब नहीं लाये थे। कुरान में लोगों से कहा जा रहा है कि आप कह दीजिये कि अल्ला ने नाजिल फरमाया? क्या तौरात अल्ला ने नाजिल फरमाया या वही के लोगों ने? 6-90, जिसको हमने नाजिल किया? इस किताब से पहले की कौन है? जिसको तस्दीक (स्वीकार) कर रहे है।

35. क्या अल्ला के सिवा किसी और फैसला करने वाले को तलाश करू? उसने एक कामिल किताब तुम्हारे पास भेज दी है? 6-113

36. जिन लोगों को हमने किताब दी है वे इस बात को यकीन के साथ जानते है कि यह कुरान आपके रब की तरफ से हक के साथ भेजा गया है, सो आप शुबहा करने वालों में न हो? 6-113

37. कुरान की आयतों को झूठा बतलाये, इससे रोके, सो उस शख्स से ज्यादा जालिम कौन होगा? 6-156

38. बेशक जिन लोगों ने अपने दीन को जुदा-जुदा कर दिया और गिरोह-गिरोह बन गये, आपका उनसे कोई ताल्लुक नही, बस मामला अल्ला के हवाले है? 6-158

39. यदि कुरान पर शक हो तो इंजील (बाईबल) पढ़ो? 10-93, 10-94

40. यह कुरान अल्ला के सिवा और किसी का घड़ा हुआ नहीं है? 10-36

41. हमने कुरान को रास्ती के साथ नाजिल किया (बार-बार आया)? 17-104, 87-5, कुरान सबसे पहले हमने हमपर उतारी गई या लिखी गई या नकल की गई प्रश्न है? उसके बाद मोहम्मद सा0 को पढ पढकर सुनाते है। (यहाँ अल्ला अलग है और हम अलग है। 45-5) या किसको? (67-8 क्या हमने आम लोग है?)

42. काफिर लोग कुरान के बारे में कहते है, यह निरा झूठ है। जिसको एक ने धड़ लिया, दूसरों ने मदद की? 25-3, 22-50

43. काफिर लोग यूँ कहते है कि यह कुरान बे-सनद बाते हैं, जो अगलों से नकल करके लिखी गई? फिर अल्ला की किताब कैसे? 25-4

44. तौरात को पहली किताब कहा गया है, जो मूसा को दी। फिर उसके भाई हारून को मददगार क्यों बनाया, क्या लिखने में या उत्तर देने में? 25-34

45. ये लोग यूं कहते है कि तौरात व कुरान दोनों जादू है। जो एक दूसरे के अनुकूल (मिलती-जुलती) है? 28-47

46. आप कह दीजिये (तौरात और कुरान के अलावा) तुम कोई और किताब अल्लाह के पास से ले आओ? 28-48

47. अल्ला को यह कहने की क्यों जरूरत पड़ी? मैं सच कहता हूँ और मैं तो हमेशा ही सच कहा करता हूँ? 38-83

48. उनके पास सच्चा कुरान और साफ-साफ बतलाने वाला रसूल आया, 43-28

49. कुरान को जादू कहा गया? तौरात को भी कुरान में जादू कहा गया, हम इसको नहीं मानते? 43-29

50. बिला शुब्हा यह कुरान परहेज-गारों के लिये नसीयत है? 69-47, 6-113, 6-114, 6-115

51. इन आयतों को पढ़ने के बाद शक-शूबा बढ़ जाता है कि कुरान अल्ला ने उतारी या.....? 18-28, 16-100

प्रश्न-   कुरान एक बार में उतारी गई या अलग-अलग? या अलग-अलग नाबियों ने लिखी? कहीं पर कुरान मुहम्मद सा. पर उतारी? 57-8, खास बन्दे पर उतारी? 25-1 कहीं पर आया कुरान फरिश्ते का लाया हुआ? 2-22, 2-145। हमने फरिश्तों तक को हुक्म दे रहे थे? हमने में कौन-कौन है? 6-18, 6-154, 17-104, 24-1, 29-46, 29-50, 64-7, कही पर कहा गया कि यह बरकत वाली शबे कद्र में उतारा गया 44-2

52. क्या यह कुरान रब्बुल आलमीन का भेजा हुआ है (कौन)? 26-191

53. हमने आप पर यह किताब (कुरान) नाजिल फरमाई? 29-46, 29-47, 2-145, 2-22

54. यह कुरान रहमान रहीम की तरफ से नाजिल हुआ? 41-1 ये कौन है?

55. अल्ला ने जितनी किताबें नाजिल फरमाई मैं सब पर ईमान लाता हूँ? 42-14

56. कुरान में सूरह अन नूर अल्ला ने नहीं, हम ही ने नाजिल की? 24-1 हमने मुकर्रर किया, इसे कुरान में क्यो जोड़ा गया?

57. हमने कुरान को नाजिल किया (बार-बार आया)? 6-18, 6-154, 17-104, 29-46, 29-50, 39-1, 39-40, 42-6, क्या हम और हमने आम लोग है? कुरान 45-5, 67-8

58. इस कुरान को मैंने नाजिल की? 2-40 (सवाल - ये मैंनें कौन हैं?)

59. यह उस जात की तरफ से नाजिल किया गया? 20-3

60. यह कुरान अल्ला गालिब हिकमत वाले की तरफ से नाजिल हुई? 45-1

61. यह कुरान एक इज्जत वाला फरिश्ते (जिबराइल) का लाया हुआ है? 81-19

62. अल्ला ने आपके पास कुरान भेजा है, कुरान आसमान से एक बार में या अलग-अलग कर उतारी गई? 3-2

63. हमने कुरान को थोड़ा-थोड़ा करके उतारा? 76-22, 87-5

64. कुरान के बारे में वायदा करते है कि हम (जितना) कुरान नाजिल करते जायेंगे। आपको पढ़ा दिया करेंगे? क्या कुरान बार-बार आयेगी? 87-5

65. यह उस जात की तरफ से नाजिल किया गया? कौन सी जात?

66. मैं कुरान के जरिये तुमको और जिस-जिस को कुरान पहुँचे? जिस-जिस को कौन है?

67. कुरान बस यह जादू है? यह महज एक गढा हुआ झूठ है 74-23, 34-42

68. बस यह (कुरान) तो आदमी का कलाम है? 74-24, 6-90

69. फिर मुँह बनाया कि इसको कुरान से बहुत ज्यादा नफरत है? 74-21

70. हमको मालूम है कि तुम बाजे झुठलाने वाले भी है? 69-48, 85-18

71. सो तुम (को चाहिये कि) अल्लाह पर और उसके रसूल पर और उस नूर पर (यानि कुरान पर) जो कि हमने नाजिल किया? 64-7

72. जिन लोगों को तौरात पर अमल करने का हुकम दिया गया, फिर उन्होंने उस पर अमल नहीं किया, उनकी हालत उस गधे जैसी हालत है? 62-4

73. समूद ने (भी) पैगम्बरों को झुठलाया और कहने लगे, क्या हम ऐसे शख्स की पैरवी करेंगे जो हमारी जिन्रा का आदमी है और अकेला है, तो इस सूरत में हम बड़ी गलती और 'पागलपन में पड़ जाये? 54-22, 54-23 (समूद कौन है?)

74. क्या हम सबमें से (चुनकर) उस पर वहय नाजिल हुई (हरगिज ऐसा नहीं) बल्कि यह बड़ा झूठा और बड़ा शेखीबात है? 54-24

75. आद ने भी पैगम्बर व कुरान को झुठलाया? 54-17 (आद कौन है?)

76. सो तू अपने रब की कौन-कौनसी नेमत में शक करता रहेगा?

77. हाँ, क्या यह भी कहते है कि उन्होंने इस कुरान को खुद घड़ लिया? 52-32

78. सो अकसर लोगों ने इससे (कुरान) से मुँह फेरा, फिर वे सुनते ही नहीं। 41-3

79. वे लोग कहते है कि जिस बात की तरफ आप हमको बुलाते है हमारे दिल उससे पर्दा में है और हमारे कानों

में डांट लग रही है, और हमारे और आपके दरमियान एक पर्दा है। सो आप अपना काम किये जाइये, हम अपना काम कर रहे है? 41-4

80. आपने उन लोगों को नहीं देखा जो अल्लाह की आयतों में झगड़े निकालते है? 40-68, 40-55

81. उन लोगों के दिलों को नागवार होता है जो कि आखिरत का यकीन नहीं रखते। 39-44

82. क्योंकि ये सब बड़े शक में थे जिसने इनको दुविधा में डाल रखा था। 34-53

83. जो उनकी तरफ शक में है? 34-20, 34-4, 2-104

84. इन अहले किताब में से एक फरीक ने खुद अल्लाह की किताब को पीठ पीछे डाल दिया है, जैसे उनको गोया बिल्कुल इल्म ही नही? 2-100

85. जो कुरान का इन्कार करते है? 41-40, 41-42, 85-18

86. कुरान पर जो ईमान नही लाते, उनके कानों में डांट है, कुरान उनके हक में अन्धापन है? 41-43

87. मरियम के बेटे ईसा में हमने (जिबराईल) अपनी रूह फूंकी और दुनिया जहान वालो के लिए (अपनी कुदरते-कामिला की) निशानी बना दी। 21-90

प्रश्न: यहाँ हमने अल्ला है आम लोग या कौन है? मोहम्मद सा0 को ये बरकतें क्यो नही दी गई? सच क्या है? एक तरफ तो ये कहा जाता है कि अल्ला मोहम्मद सा0 से बात करते थे। तो अल्ला खुद ना कहकर आप कहिये, फरमा दीजिए, कह दीजिए, सबकी तरफ से 9-93, अल्ला बोल रहे है? या मोहम्मद सा0 बोल रहे है या आम लोग बोल रहे है?

कुरान में काबा?

- कुरान में काबा, मक्का, अरब में हज का स्थान दिया गया है। (सच नही) मान्यता है कि हजरत इब्राहिम (अब्राहम) मक्का में इस जगह आये थे। कुरान 2-148, 157, 158 में बया किया गया है कि जो लोग हज, उमरा मक्का में आकर करते है। उनके सब गुनाह माफ कर दिये जाते हैं, ये अल्ला का घर है? (जब मान्यता) या कहा जाता है कि ये अल्ला का घर है, यकीन किया जाये या नही?

1. हजरत इब्राईम, इस्माईल, इसहाक और याकूब (उर्दू नाम) की औलाद, जो नबी गुजरे है, ये सब इजराइल देश में ही पैदा हुए, वही मर गये, यहूदी या ईसाई थे। 2-139

2. इब्राईम कभी भी मक्का नहीं गये, ना ही कुरान में जिक्र आया है। वे बुतपरस्ती के खिलाफ थे। 6-73, 37-94

3. नमाज पढते वक्त काबा की तरफ मुँह करे, क्यों? 2-148

4. अल्लाह तो सब तरफ है, फिर काबा की तरफ मुँह क्यों?

5. इब्राईम ने कभी काबा नहीं बनवाई। वे पूरी जिन्दगी इजराइल देश में ही रहे।

6. क्या काबा में काला पत्थर माबूत मुसलमानों के गुनाहों को माफ करता है? हज या उमरा करें, कोई भी गुनाह नहीं रहता? 2-157

7. अगर काला पत्थर हटा दिया जाये, तो हज करने का मतलब नहीं?

8. जो हज करने नहीं जा पाते, उनको जन्नत जाने का कोई और रास्ता है क्या?

9. काबा में जाकर काले पत्थर के चक्कर लगाना, क्या ईबादत है?

10. यदि काले पत्थर की पूजा सही है, तो कबरें, मजार, मकबरों को पूजना, फूल चढाना, धागे बाँधना, फातिया, नमाज पढ़ना, झण्डे लगाना, सही हो सकता है?

11. कुरान में बुत परस्ती को गुनाह माना गया है? 5-90

12. कुरान के पास जन्नत ले जाने के बहुत नक्शे, चौड़े दरवाजे, रास्ते है। जबकि बाईबल में केवल एक रास्ता (पतला दरवाजा) बताया गया है?

13. जिस वक्त हमने काबा शरीफ को लोगों की ईबादत की जगह और अमन की जगह मुकर्रर किया, कभी कभी नमाज पढ़ने की जगह बना लिया करो। 2-124

14. इसे (काबा) लोगों ने या अल्ला ने ईबादत की जगह बनाया या कुरान ने? 2-124 में भी हमने आया है? ये हमने कौन है?

15. मुहम्मद सा. को कौन कह रहा है, कह दीजिये। तुम ज्यादा वाकिफ हो या हक तआला? 2-139 लोगों ने जमायत के अन्दर से एक को पैगम्बर मुकर्रर करे, जो आपकी आयते पढ़कर सुनाये। 2-128

16. आदम, इबराहिम, इसहाक, याकूब, लूत, नूह, सोलोमन (सुलेमान) दाऊद (डेविड) ये सब नबी यहूदी थे। उस समय का बाईबल (इंजील) में बहुत गहराई से बताया गया है। जबकि कुरान में संक्षेप (शोर्ट) में कही-कही कुछ शब्दों में ही बताया गया।

17. कुरान, बाईबल के छः सौ (600-700) साल बाद लिखी गई या जैसा मुस्लिम कहते है कि ये अल्लाह ने उतारी?

18. कुरान में क्यों कहा गया? कुरान समझ नहीं आये तो इंजील (बाईबल) और तौरात पढ़ो। 7-156, 10-36, 10-93, 25-3, 25-4, 28-47, 28-48, 62-4

19. कुरान में यहूदियों को काफिर कहा गया है? 2-5, इंजील में यहूदियों व सबको खुदा की कौम कहा गया। इंजील (बाईबल) सबसे पहले हिब्रू भाषा में लिखी गई बाइबल में से ही तौरात की किताब बनाई गई?

20. फिर इन यहूदियों को कुरान में नबी क्यों बनाया गया?

21. काबा की जगह मक्का में इब्राईम को नमाज पढ़ने की जगह बना लिया करो। 2-124

22. अल्लाह ने सच कह दिया? सो तुम मिल्लतें इब्राहीम की इत्तिबा करो, जिससे जरा टेढ़ नहीं? 3-94, 3-98

प्रश्न. 1 अल्लाह ने सच कह दिया - ऐसी सफाई देने की क्या जरूरत पड़ी?

प्रश्न. 2 जिसमें (कुरान) जरा टेढ़ नहीं?

23. मक्का वह मकान है (मकामें इब्राहीम) उस मकान का हज करना 3-95, 3-96, 5-90 क्या ईबादत करना सही है?

प्रश्न. 1 मकान का हज करना या काबा कह लो। ये बुतपरस्ती है या नहीं?

प्रश्न. 2 हज करने वालों के गुनाह माफ हो जाते है? 2-157

प्रश्न. 3 अल्लाह ने या कुरान ने या हमने (काबा) ईबादत की जगह बनाया? 2-124

24. जब इब्राहीम ने अपने बाप से फरमाया कि क्या तू बुतों को माबूद (ईबादत) करार देता है? बेशक मैं तुझको और तेरी सारी कौम को खुली गलती में देखता हूँ? 6-73, 37-94

प्रश्न. 1 एक तरफ इब्राहिम कुरान में अपने बाप से बुतो (मूर्ति) को इबादत करने को (मना करना) गलत बता रहा है। दूसरी तरफ कुरान में (मकामें इब्राहीम) मक्का का वह मकान (काबा) को ईबादत, हज, काबा, गुनाह माफ करवाना, यह जायज है? 3-94, 3-95, 3-96, 29-24

"हमने" कुरान में बार-बार आया?

1. कुरान में 197 बार आया है (हमनें)। ये हमने, हम, हमारें कौन है? हमने में, अल्लाह है या कोई और? इन आयतों को संक्षेप में लिखा गया है। कुरान सबसे पहले हमनें, हम पर उतारी गई या लिखी गई या नकल की गई या जैसा कुरान की आयतें कहती है। प्रश्न है? उसके बाद मोहम्मद सा0 या किस पर उतारी गई? इसके बाद कौन मोहम्मद सा0 को पढ पढकर या किसको सुनाते है। (यहाँ अल्ला अलग है और हम अलग है 45-5, इस आयत में हमनें आम लोग है। 67-8)

2. हमने यह किताब (कुरान) नाजिल फरमाई 2-22, 4-46, 2-145, 6-91, 6-154, 17-104, 24-1, 29-46, -50, 39-1, 39-40, 42-6, 51-37, 67-4, 5, 8

3. कुरान में सूरहू अन-नूर, अल्ला ने नहीं, हम ही ने नाजिल की? 24-1

4. हमने कुरान को रास्ती के साथ नाजिल किया? 17-104, कुरान में हम, हमारे, हमनें बार बार आया।

5. हमने उनको दिलों पर, कानों पर परदे व डाट दे रखी है? 6-24

6. हमने लोगों के वास्ते पैगम्बर बनाकर भेजा? 4-154, 34-27

7. हम चाहे उनको गर्क कर दे, न फरियाद, न खलासी, छुटकारा और नजात? 36-42

8. हमने तुमको पैदा किया, तस्दीक क्यों नहीं करते? 56-56

9. हमने नहाते समय औरत (मरयम) (जिसको पाक-पवित्र कहा गया है) के पास एक फरिश्ते को भेजा? 19-16 (ये अल्ला ने भेजा या .... कौन?)

10. जो लोग कहते है हम ईसाई है, हमने उनमें भी कियामत तक के लिये दुश्मनी डाल दी? 5-13, 5-50, 5-53

11. हमने मवेशी पैदा किये? 36-70

12. हमने पैगम्बर भेजे है? 4-154, 37-71 हमने पैगम्बर नहीं भेजा? 34-33, 43-7, 43-22

13. हमने मूसा और हारून पर एहसान किया? 37-113

14. हमने उनकी हुकूमत को बड़ी कुव्वत दी? और उनको हिकमत 38-19

15. और फैसला करने वाली तकरीर अता फरमाई? 38-19

16. हमने उनका इम्तिहान किया, उनको माफ कर दिया? 38-23, 38-24

17. हमने करीब वाले आसमान को सितारों से सजाया, हिफाजत की? 41-11, प्रश्न किससे हिफाजत की गई?

18. हमने मूसा को किताब दी? 41-44, 25-34, 32-22, 41-44

19. हमने कुरान को नूर बनाया? 42-51, हमनें इसमें तरह तरह की वईद (सजा की धमकी) और तबीह बयान की। अल्ला बोल रहे है या मोहम्मद सा0 या आम लोग या लिखने वाला?

20. हमने आसमान जमीन पैदा की? 51-37

21. हमने कुरान गवाही, खुशखबरी, और डरानेवाला 48-7

22. हमने आँख, कान दिला दिये। 45-15, 16, 46-25, 46-26

23. हमने फरिश्तों को हुक्म दिया? 18-49, 18-53, हमने इब्राहिम और मूसा और ईसा को हुकम दिया 42-12।

प्रश्न - जब हुक्म से काम चल सकता था तो मरियम वास्ते फरिश्ता/फरिश्ते गर्भवती होने के लिए क्यों भेजा गया?

24. हमने इम्तिहान का जरीया बनाया? 37-62

25. हमनें आसमान, जमीन, अपनी कुदरत से, बारिश, पहाड, रात-दिन, सूरज-चांद को बनाया 21-24, 29, 30, 31, 32, जिन्दगी खत्म होने पर तुम सब हमारे पास चले आओगे?

प्रश्न - यहाँ हमनें कौन है? अल्ला या पैगम्बर या आम लोग (हमारे)? कितने जन है? 21-6,7,8, 9, 10 व 21-29 से 32 तक।

- हर जानदार मौत का मजा चखेगा, हम तुमको बुरी-भली बुरी-भली (हालातों) से अजमाते है, तुम सब हमारे पास चले आओगे। 21-34 ये हमने की जगह हमारे कौन है? अगर अल्ला खुद है तो हमने, हमारे, की जगह मैं अल्ला या खुदा शब्द होने चाहिए थे ना कि हमनें या हमारे।

- अल्ला ने आसमान में पानी बरसाया जिससे जमीन हरी-भरी हो गई 22-62

प्रश्न: कही पर हमने, कही हमारे, कही पर अल्ला। यह उल्ट फेर क्यूं?

– जो लोग हमारे सामने पेश होने से अन्देशा नही करते, वे यूं कहते है कि हमारे पास फरिश्ते क्यों आते या हम अपने रब को देख ले 25-20

जब जैद (रजि.) का इसकी बीवी जैनब से जी भर गया, हमने आपसे उसका निकाह कर दिया, ताकि मुसलमानो पर अपने मुंह बोले बेटो की बीवियों के (निकाह) से बारे में कुछ तंगी ना रहे। 33-36

प्रश्न: कौन अपने दिल में वह बात छुपाये हुए थे? यहाँ अल्ला मन की बात जाहिर करके दूसरे की बीवी को दूसरे को दे देता है? बडी अजीब बात है! यहाँ तक कुरान की आयत उसी के अनुरूप ढाल दी जाती है।

कुरान में काफिर कौन है?

1. कुरान में काफिर उन लोगों को कहा गया है जो अल्लाह (कुरान) पर विश्वास (ईमान) नहीं रखते या बे-ईमान वाले है।

2. कुरान में यहूदी, नसारा (ईसाई) और दूसरी (अन्य) जातियों को काफिर कहा गया है।

3. कुरान में काफिर शब्द तीन सौ अड़सठ (368) बार आया है।

4. काफिर औरतों/मर्दों के साथ निकाह (शादी) मत करो, जब तक वे मुसलमान नहीं हो जाते। 2-220

5. कुरान में बे-ईमान वालों (काफिरों) पर ईमान वाले (मुसलमान) जिहाद करे, लड़ाई-झगड़ा, फसाद, उनकी औरतों-बच्चों के हक में गुलाम, दुश्मन बनाना, मुसलमान बनाना, डराना, कत्ल करना, बदला लेना, इनको सही अकल वाला कहा गया जायज (ठीक) बताया गया है। मुसलमान पर कोई गुनाह नहीं और जन्नत में शराब नहरे-बाग, तकिया लगाये पंलग, मेवे, फल, हम उम्र की औरतें - लड़कियाँ मिलेगी। 2-5, 2-6, 2-142, 2-189, 2-190, 2-193, 2-215, 2-220, 3-9, 3-11, 3-27, 3-130, 3-151, 3-153, 4-33, 4-73, 4-75, 4-88, 5-13, 5-50, 5-53, 5-72, 6-18, 9-4, 9-11, 9-37, 9-72, 16-74, 17-

4, 17-5, 17-9, 17-44, 17-61, 18-50, 37-71, 38-64, 47-3, 47-21, 47-33, 47-34

6. मैंने उनको न तो आसमान और जमीन के पैदा करने के वक्त बुलाया और न खुद उनके पैदा करने के वक्त बुलाया और मैं ऐसा (अजीज) ना था कि गुनाह करने वालों को अपना बाजू बनाता? 18-50

7. कुरान में जो काफिर (मुसलमान) नही है। उनके लिये अल्लाह ने क्या-क्या नियामतें (तौहफे/ईनाम) दिये है:-

2-23, 2-137, 2-142, 2-222, 2-229, 2-233, 3-14, 3-152, 3-156, 3-194, 4-2, 4-22, 4-28, 4-44, 4-56, 9-13, 18-29, 22-22, 31-7, 33-31, 33-36, 33-49, 33-50, 35-32, 36-55, 37-41, 42, 37-44, 37-45, 37-46, 37-47, 38-50, 38-51, 43-69, 44-50, 44-53, 47-6, 47-10, 47-14, 48-4, 52-16, 52-18, 52-19, 52-21, 52-22, 56-14, 56-16, 56-17, 55-40, 55-49, 50, 51, 55-71, 57-10, 57-12, 60-9, 61-11, 66-4, 76-16, 78-32, 83-24

कुरान में कत्ल?

1. कुरान में कत्ल (81) ईक्यासी बार आया है?

2. जो अल्लाह की राह में कत्ल किये जाते है, वो अल्लाह के पास जाने वाले है। 2-153

3. (बैतकल्लुफ) बिना किसी रूकावट के तुम अल्लाह की राह में लड़ों, उनको कत्ल करो। 2-189

4. जो अहद (वायदा) तोड़े उनका कत्ल करो - 2-190, 2-193

5. कुफ्र (गुनाह) करने वालों को मुसलमान के हाथों मगलूब (हराया-दबाया) किये जायेंगे। 3-9, 3-11

6. जिस वक्त कि तुम उन काफिरों को हुकमें-खुदाबन्दी से कत्ल कर रहे थे। 3-151

7. जो काफिर है उनको दोस्त मत बनाना, यदि अल्लाह की राह में मुँह फेरे तो उनको पकड़ों और कत्ल करो। 4-88, 9-4

8. तलवार के साथ जिहाद कीजिये, उन पर सख्ती कीजिये, दोजख में इनका ठिकाना है। 9-72

9. अल्लाह ने मुसलामानों से उनकी जानों और मालों (औरतों-समानों) के बदले खरीद लिया है (सब्जेक्ट टू कन्डीशन) कि उनको जन्नत मिलेगी, वे अल्लाह की राह में रहते है। जिसमें कत्ल करते है, कत्ल किये जाते है। 9-110

10. हम तुम पर अपने ऐसे बन्दों को मुसल्लत करेंगे जो बड़ें जंगजू होंगे फिर वे तुम्हारे घरों में घुस पड़ेंगे और तुमको कत्ल करेंगे। 17-4, 40-69, 47-21

11. जब तुम्हारा काफिरों से मुकाबला हो जाये, तो उनकी गर्दनें मारो, जब तक तुम उनका खूब खून बहा चुको तो खूब मजबूत बांध लो। मुआवजें के बगैर या मुआवजा लेकर छोड़ देना, लड़ने वाले हथियार न डाल दे। यह जिहाद का हुकम अमल करना। 47-3

12. ऐ ईमानदारों तुम अल्लाह की मदद करोंगे, तो वह भी तुम्हारी मदद करेगा। 47-6 यहाँ अल्ला शर्त (सब्जेक्ट टू कन्डीशन) के साथ आपसे सौदा कर रहा है? ऐसा क्यों?

कुरान में बदला लेना?

1. यदि कुरान में अल्लाह बदले के बदले, बदला लेने को कहे, क्या यह ठीक है? 2-193

2. (बैतकल्लुफ) बिना किसी रूकावट के, तुम अल्लाह की राह में लड़ों, उनको कत्ल करो? 2-189, 2-190, 2-193

3. कुफ (गुनाह) करने वालों को मुसलमान के हाथों मगलूब किये जायेंगे? 3-9, 3-11

4. बदजुबानी औरतों को नसीयत दो, नहीं माने तो मारो, लेटने की जगह अकेला छोड़ दो? 4-33, 4-73, 4-166

5. यहाँ एक किताब कुरान है, जो आपके पास भेजी गई है कि आप इसके जरिये से डराये? 7-1, 9-4, 9-37, 9-72, 36-5, 37-71, 38-69

6. अल्लाह काफिरों को गलती में फंसाये रखता है? 40-73, 85-9

7. ऐ ईमान वालों (मुसलमान) ये गैर इस्लामिक मुल्क से औरतें आती है। उनको परखों (इम्तिहान) कर लिया करो, मुसलमान समझो तो उनको वापस मत जाने दो, क्योंकि न तो वे औरते उन काफिरों के लिये हलाल है। यदि काफिरों ने कुछ खर्च किया तो अदा कर दो। तुमको उन औरतों से निकाह करने में कोई गुनाह नहीं होगा। ऐ मुसलमानों काफिर औरतों से

तालुककात मत रखो, जो कुछ तुमने खर्च किया उन (काफिरों) से मांग लो। आपस का फैसला करता है?
60-9, 62-4

कुरान में औरतों को कैसे पेश किया गया?

1. शुरू से आखिर तक पूरी कुरान में केवल एक स्त्री मरियम का वर्णन (जिक्र) किया गया है। यीशु मसीह की माँ जिसे एक पवित्र औरत बताया गया तथा पूरा एक अध्याय भी मरियम के नाम से दिया गया है। इसके अलावा, औरत को कुरान में कैसे पेश किया गया है। आप खुद देखें सोचे व जवाब देही समझे।

2. एक औरत (मरयम) जो नहा रही हो, उसके पास अल्लाह फरिश्तें को भेजता है? 19-16 मरियम मिन्नत कर रही है कि यहाँ से हट जाओ।

3. उनके वास्ते उन जन्नतों में बीवियाँ होगी साफ पाक की हुई, और वे लोग उन जन्नतों में हमेशा के बसने वाले होंगे। 2-24

4. तलाक देने के बाद औरत दूसरे से निकाह करे, फिर तलाक के बाद पहले आदमी से निकाह कर ले, जायज है। 2-229, 2-233

5. अल्लाह से डरने वालों को, ऐसे बाग, नीचे नहरे और ऐसी बीबियाँ जो साफ-सुथरी की हुई उनके लिये रिजा और खुशनदी अल्लाह की तरफ से होगी। अल्लाह अपने बन्दों को खूब देखते है। 3-14

6. हालाल पाक चीजों को खाओ। 2-167

7. औरतों को खेत (पैदावार) कहा गया है। सो अपने खेत में जिस तरफ होकर चाहो आओ। (कुरान में औरतों को भी हलाल कहा गया है) 2-222, 2-229, 2-186

8. यतीम लड़कियों के बारे में यदि तुम इन्साफ ना कर सको तो और औरतों से जो तुमको पसन्द हो निकाह कर लो। 2-2, 3-3, 4-4 औरतों से। यदि इन्साफ न कर सको तो एक ही बीबी पर बस करो। 4-2, 4-5, 4-18, 4-22, 4-23, 4-28, 4-33, 9-110

9. जो लोग ईमान में आये और उन्होंने नेक काम किये, उनके लिये ऐश की जन्नतें है। 31-7, 33-31, 33-36, 33-49, 33-50

10. आप उन मौजूदा बीबियों की जगह दूसरी बीबियाँ कर ले यदि उनका हुस्न अच्छा लग रहा है। 33-51, 33-54

11. उनके पास नीची निगाह वाली बड़ी-बड़ी आंखों वाली हूरें होगी। 37-47, 38-51, 43-69, 43-70, 44-53, 48-4, 52-16, 56-35, 56-36, 57-12, 60-9, 64-13, 66-4, 70 पेज 569 ए-3

12. दिल बहलाने को नौजवान हम उम्र औरतें। 78-32

13. यदि मुसलमान बनोंगे, तुम्हें ताकत, डराना, औरतें-बच्चें सहायता के लिये। 17-5, 17-61

14. आप जिसकों (औरतों) चाहे रखे, दूर करे, तलब लगे तो दूर को पास बुला ले, कोई गुनाह नहीं। 33-50

15. गोरी-गोरी, बड़ी-बड़ी आंखों वाली से निकाह कर देंगे। 52-18, 52-19

16. कुरान में गोरी-गोरी, बड़ी-बड़ी आँखों वाली जन्नत में होगी।

17. मुजरिम लोग आदमी-औरतें काले रंग और नीली आँखों से पहचाने जायेंगे? 55-40

18. नीली आँखों वाले - वाली, काले-काली रंग की औरतें सब मुजरिम होंगे। 55-40

19. माल (औरत) और औलाद दुनिया की जिन्दगी की एक रौनक है। 18-45

20. जो लोग अपनी बीवियों को (जिन्ना की) तोहमत लगाये और उनके पास सिवाय अपने ही (दावे के) और कोई गवाह ना हो तो उनकी गवाही (जो रोकने को खतम करने वाली या तोहमत की संज्ञा हो) चार बार अल्ला की कसम खाकर कह दे बेशक मैं सच्चा हूँ और पांचवीं बार यह कहे कि मुझ पर खून की लानत हो अगर मैं झूठा हूँ। 24-5

कुरान में भेदभाव, नफरत व औरतों के बारे में?

1. औरतों को खेत (पैदावार) कहा गया है। अपने खेत में जिस तरफ होकर चाहो आओ? 2-220

प्रश्न- क्या इसका मतलब आगे पीछे सब तरफ से आओ-जाओ?

2. हमने तुमको एक ऐसी जमायत बना दी (हर पहल में) दरमियानी राह पर है, ताकि तुम (मुखालिफ) लोगों के मुकाबले से गवाह हो? 2-142

3. मुसलमान काफिरों को दोस्त न बनाये? 3-27

4. अल्लाह बड़े फजल वाले है मुसलमानों पर? 3-152, 3-153

5. यदि तुम यतीम लड़कियों के बारे में इन्साफ ना कर सको तो और औरतों से जो तुमको पसन्द हो निकाह

कर लो, दो-दो औरतों से, तीन-तीन औरतों से, चार-चार औरतों से? यदि इन्साफ ना कर सको तो एक ही बीबी पर बस करो? 4-2, 4-5, 4-22, 4-23, 4-28, 4-33, 4-56

6. जो काफिर है उनको दोस्त मत बनाना, यदि अल्लाह की राह में मुँह फेरे तो उनको पकड़ों और कत्ल करो? 4-88

7. जो ईमान वाले मुसलमानों के साथ रहेंगे? 4-145

8. जो लोग कहते हैं ईसाई (क्रिश्चियन) है अहद (प्रतिज्ञा) ली गई? हमने उनमें आपस में कियामत तक के लिये दुश्मनी डाल दी? 5-13

9. ऐ ईमानवालों तुम यहूद, नसारा (ईसाई) को दोस्त मत बनाना। 5-50, 5-53, 17-81

10. उनसे लड़ों, अल्लाह उनको तुम्हारे हाथों से सजा देगा। तुमको गालिब (जीता हुआ) और मुसलमानों के दिलों को शिफा (चंगाई) देगा? 9-13, 9-110

11. जो लोग ईमान ले आये और उन्होंने नेक काम किये, उनके लिये ऐश की जन्नतें है? 31-7

12. ऐ नबी की बीबियों तुम मामूली औरतों की तरह नहीं हो? 33-31, 33-36, 33-49

प्रश्न -   क्या ये वीआईपी औरते हैं? मुहम्मद सा. ने आफिशल कितनी शादियाँ की, अन-आफिशयल, दासियों से कितनी, कुल कितनी?

13. अल्लाह के खास किये हुए बन्दे? 37-39

14. जिसको खुदा ही गुमराह करें, उसका कोई हिदायत करने वाला नहीं? 40-32

15. अल्लाह काफिरों को गलती में फंसाये रखता है? 40-73

16. अल्लाह मुसलमानों का कारसाज (बनाने वाला) है?
    47-10, 47-21, 47-33, 47-34, 57-10, 60-9,
    66-4

17. फरिश्तों ने कहा हम एक मुजरिम कौम की तरफ से
    भेजे गये है? 51-31

18. जिन्होंने मुसलमान मर्दों और मुसलमान औरतों को
    तकलीफ पहुँचाई और फिर तौबा नहीं की, तो उनके
    लिये जहन्नुम का अजाब है? 85-9

19. तलाकशुदा औरत के सम्बन्ध में अल्ला कुरान द्वारा
    कहता है कि दो गवाह ही काफी है 65-1, लेकिन
    औरत के गुनाह की सूरत में चार गवाह होने जरूरी
    है। उस दरमियान में औरत चार गवाह कहाँ से लेकर
    आयेगी? ये कैसा भेदभाव है?

कुरान में डराना?

- यहाँ केवल कुरान में डराने से सम्बन्धित आयतों को संक्षिप्त या शॉर्ट में लिखा जायेगा। यदि सम्बन्धित आयत पढनी है तो पीछे के पन्नों को पलट कर देखे - कुरान की हूँ ब हूँ आयतों को देखें। कुरान में दो सौ तीन (203) बार अर्थात बार-बार डराया गया है।

1. 2-137, 2-212, 3-9, 3-11, 3-14, 3-130, 3-151, 9-38

2. औरतों को भी खेत, पैदावार कहा गया है इनमें घूमों-फिरो? 2-222

3. औरतों को हलाल कहा गया है? 2-229

4. जैसा मैंने महसूस किया पूरी कुरान पढ़ने के औरत जात को कुरान में खुली आजादी नहीं दी गई। लगता है कि औरतों को पर्दे में रखना उस जमाने की देन लगती है, क्योंकि पर्दे में ज्यादा सुरक्षित थी। जो आज तक यह रीति चली आ रही है।

5. डर, डराना, गुलाम बनाना, कुरान की आयतों में आगे देखे। 4-2, 4-5, 4-18, 4-22, 4-23, 4-28, 4-33 आदमी डरे या ना डरे, लेकिन डर का पूरा असर औरतों पर पड़ता था।

6. 4-44, 4-75, 4-88, 4-166, 4-172, 5-53, 6-8, 6-154, 7-1, 9-4, 9-11, 9-13, 9-38, 9-72, 17-4, 17-5, 17-9, 17-44, 17-61

7. ऐ लोगों मैं तो सिर्फ तुम्हारे लिये एक खुला डराने वाला हूँ। 22-48

8. 25-1, 36-5, 37-71, 37-72, 38-64, 38-69, 40-69, 42-15, 47-3, 60-9, 62-4, 73-19, 77-49

9. जो ईमान से इनकारी, नुकसान, रूकावट, उनको नही बकशा जायेगा, ना ही उनको राह दिखाई जायेगी। 4-166

10. अल्ला पर ईमान वालों - मुसलमानों पर मेहरबान होंगे और काफिरों पर तेज होगी, जिहाद करते होंगे, अल्ला की राह में 5-53

11. ताकि मैं कुरान के जरिये तुमको और जिस-जिस को कुरान पहुँचे, उन सबको डराऊँ 6-18, 7-1, 9-4, 9-38, 9-72, 22-48, 36-5, 37-72, 38-64, 38-69, 47-3, 47-6, 47-13,14

कुरान आसमान से उतरी या....?

- कुरान, हदीस की मोहताज नही है, हदीस कुरान की मोहताज हैं। जो अल्लाह की उतारी हुई किताब है उसको किसी दूसरी किताब के सहारे की जरूरत नहीं पड़नी चाहिये। फिर हदीस का सहारा क्यों लिया गया? क्या बिना हदीस के कुरान अपने आप नहीं समझा सकती? हदीस लोगों ने बनाई है।

- यह भी ऐसी ही किताब है जिसको हमने नाजिल किया, जो बड़ी बरकत वाली है, अपने से पहली किताबों की तस्दीक करने वाली है, ताकि आप मक्का वालों को और आस-पास वालों को डराये? 6-91

- कुरान में कुल 114 किताबें आयी है। जिनको सूरहू का नाम दिया गया है।

- 88 किताबें मक्का में उतारी गई।

- 26 किताबें मदीना में उतारी गई।

- कुल 6236 आयते है। यह तीसरी किताब कुरान है। जैसा कहा गया है।

- तौरात व इंजील (पहली व दूसरी) किताब भी ऊपर से अल्लाह ने उतारी कुरान में कहा गया।

- कुरान में बार-बार आया है, हमने कुरान को रास्ती के साथ नाजिल (उतारा) किया। 17-104

- यह कुरान रब्बुल आलमीन का भेजा हुआ है। 26-191

- हमने आप पर यह किताब (कुरान) नाजिल फरमाई। 29-46, 29-47, 2-145, 2-22

- यह कलाम (कुरान) रहमान रहीम की तरफ से नाजिल हुआ। 41-1

- यह सूरह अल-नूर अल्लाह ने नही, हम ही ने नाजिल की? 24-1 हमने मुकर्रर किया 24-1, इसे कुरान में क्यों जोड़ा गया?

- कुरान को बरकत वाली रात (शबे कद्र) में उतारा गया। 44-2

- कुरान आसमान से एक बार में या अलग-अलग कर उतारी गई। 3-2

- हमने आप पर कुरान थोड़ा थोड़ा करके उतारा है? 76-22

- हमने इस कुरान को नाजिल किया (बार-बार आया है) 17-104, 4-105, 5-13, 5-50, 6-18, 6-91, 6-154, 29-46,47, 29-50, 64-7

- इस कुरान को मैंने नाजिल की? 2-40

- ये हमने कौन है जो फरिश्तों तक को हुक्म दे रहे है? 18-49, 24-1

- ये कुरान अल्लाह गालिब हिकमत वाले की तरफ से नाजिल हुई। 45-1

- यह कुरान एक इज्जत वाला फरिश्तें (यानि जिबराइल-अलौहि. का लाया हुआ है) 81-19

- इस कुरान के बारे में वायदा करते हैं कि हम (जितना) कुरान नाजिल करते जायेंगे? आपको पढ़ा दिया करेंगे। 87-5

प्रश्न.   कुरान ऊपर से अल्ला ने उतारी या नबी को दी या लिखी गई या नकल की गई या फरिश्ता लाया या अलग-अलग नबी ने लिखी? शक पैदा करता है? किसकी बात पर यकीन किया जाये या कन्फ्यूजन की बुनियाद पर अपना ईमान कैसे कायम किया जाये।

–   उनसे कहिये कि तुम अपनी दलील पेश करो, यह मेरे साथ वालों की किताब (यानि कुरान) और मुझसे पहले लोगो की किताबों (यानि तौरात व इन्जील व जबूर मौजूद है? 21-23

प्रश्न -   कुरान में जगह-जगह आता है कि कह दीजिये, उनसे कहिये, फरमा दीजिये, आप कहिये, आप कह दीजिये, आप फरमा दीजिए, हमने जगह जगह आया है 21-4 देखे, आम लोग है या नही? 42-14 कौन कह रहा है? उनसे कहिये यह मेरे साथ वालों की किताब कुरान और मुझसे पहले लोगो की किताबें तौरात, इन्जील व जबूर?

प्रश्न -   क्या यह किताबें अल्ला ने उतारी या लोगो की किताबें है? किसको सच मानें?

–   कुरान में 40-50 बार लगभग कह दीजिये, उनसे कहिये, फरमा दीजिये, आप कहिये, आप कह दीजिये, आप फरमा दीजिये। ये शब्द मोहम्मद सा0 लोगो से कहते है या अल्ला, या अल्ला मोहम्मद सा0 से कहता है? कौन किससे कह रहा है? यह सवाल का जवाब नही, यह उत्तर नही, कह दीजिए या फरमा दीजिये। नही हो सकता। सवाल पूछने वाला और जवाब देने वाले स्पष्ट, साफ-साफ समझाया जाना चाहिऐ।

– कुरान 34-2 में लिखा है कुरान लिखी गई है। 34-2
– कुरान रब की तरफ से भेजा गया है। 34-5, क्या सच है?

कुरान में गुलाम बनाना?

1. इसीलिये हम उसकी गुलामी इख्तियार किये हुए? 2-137

2. जो कुरान पर अमल (चलते) लाते है, दीन, ईमान की समझ रखते हैं। वो सही अक्ल वाले है? 2-267, 41-2

3. कुफ्र (गुनाह) करने वालों को मुसलमान के हाथों मगलूब (हराया, दबाया) किये जायेंगे? 3-9, 3-11, 3-151, 4-88, 5-53

4. अल्लाह से दूर रहने वाले, शर्म करने वालों को सख्त सजा दी जावेगी। 4-172, 9-38

5. ताकि मैं कुरान के जरिये तुमको और जिस-जिस को कुरान पहुँचे, उन सबको ड़राऊ? 6-18, 6-154, 7-1, 7-55, 9-4, 9-13, 9-72, 16-74, 17-5, 17-9, 17-61, 22-22, 35-32, 36-55, 37-41, 42, 37-44, 45, 46, 47, 38-50, 42-15, 43-69, 43-70, 44-53, 47-3, 47-6, 47-14, 47-21, 47-33, 47-34, 48-4, 51-32, 52-16, 52-19, 52-21, 52-22, 56-10, 56-16, 56-17, 56-20, 57-10, 57-11, 57-12, 60-9, 61-11, 66-4, 76-4, 76-16, 76-20, 78-32, 83-24

6. ऐ लोगों मैं तो सिर्फ तुम्हारे लिये एक खुला ड़राने वाला हूँ? 22-48

7. कुरान अपने खास बन्दे मुहम्मद सल्ला पर नाजिल हुई, दुनिया जहान वालों के लिये डराने वाला हो? 25-1

8. जो ईमान ना लाये, ऐसे लोगों को डराये? 36-5

9. देख लीजिये उन लोगों को कैसा अन्जाम, जिनको डराया गया? 37-72

10. मैं तुमको अल्लाह के अजाब से डराने वाला हूँ? 38-64

11. कुरान पर ईमान नही रखते उनके लिये डराने वाला हूँ। 41-3

12. कुछ अल्ला की राह में जिहाद करोगे? 73-19, तुम मेरे गुलाम हो अल्ला मालिक है (मालिक गुलाम से प्यार नही कर सकता, ना गुलाम मालिक से)

13. कुरान नसीयत व डराने वाला है? 77-49 जबकि बाईबल (इंजील) में खुदा हम सबको अपने बेटा-बेटी होने का हक देता है।

कुरान में अक्लमंद और बे-अक्लमंद

1. जो कुरान पर अमल (चलते) लाते है, दीन, ईमान की समझ रखते है। वो सही अक्ल वाले है। 2-6, 2-267

2. जिसको खुदा ही गुमराह करे, उसका कोई हिदायत करने वाला नही। 40-32

3. ये किताब (कुरान) ऐसे लोगों के लिये जो अक्लमंद है। 41-2

4. जो ईमान नहीं लाते, अल्लाह ने उनके दिलों, कानों, आँखों पर पर्दा डाल दिया। 2-6

5. तौरात पर अमल करने का हुकम दिया, जिन्होंने अमल नहीं किया उनकी हालत गधे जैसी हो गई। 62-4

6. जो दीन ईमान पर ईमान नही रखता, अल्ला ने उनको सूअर बंदर गधा बना दिया। 5-58, 59, 67, 62-4

7. जिसको खुदा गुमराह कर दे उसकी नजात के लिये कोई रास्ता नहीं। 40-32, 42-45

8. जो लोग इस कुरान का इन्कार करते है जबकि वह उनके पास पहुँचता है, उनमें खुद सोचने समझने की कमी है? 41-40

9. अल्ला आपे से बाहर हो जाने वालों शुब्हात में गिरफ्तार रहने वालों को गैलती में डाले रखता है? 40-32, 40-33

10. जिसको खुदा गुमराह करे उसका कोई हिदायत देने वाला नहीं। 39-35

11. जो लोग काफिर है वे अल्लाह पर झूठ लगाते है और अक्सर काफिर उनमें से अकल नहीं रखते? 5-102

प्रश्न. कुफ करने वाले काफिर है? दुनियाँ में इन काफिरों ने सुई से लेकर हवाई जहाज, मोटर साईकिल, वैज्ञानिक, डॉक्टर, इन्जिनियर, पढ़े-लिखे है। कार, राकेट, हथियार, नयाब चीजें, डॉक्टर, पढ़े-लिखे, दवाईयाँ, वैक्सीन, नई-नई खोजे, क्या ये बेअक्ल वाले थे व है? क्या दीन-ईमान वाला ही अकलमंद है? यदि कोई इन बातों पर ईमान नहीं लाता तो वे बे-अकलमंद होंगे। अल्ला ने उनको सूअर, बन्दर, गधा बना दिया 5-58, 5-59, 5-67, 62-4, बे-अकल वालों की संगति, उनकी बनाई हुई चीजों का इस्तेमाल, शान-शौकत, तहजीब व रीति-रिवाज, इन चीजों को इस्तेमाल नहीं करना चाहिये। दो नाव पर सवार होकर ईमान वाले अल्ला को धोखा देते है।

धर्म पुस्तक?
तौरात 2. इंजील (बाईबल) 3. कुरान मजीद

1. ईश्वर/गॉड/खुदा से ऐसी क्या गलती हुई? जो उसे तीन किताबें उतारनी पड़ी? कुरान में लिखी गई आयते देखिये?

2. तौरात में क्या कमियाँ रही जो इंजील (बाईबल) उतारी? जबकि इंजील में तौरात भी लिखी हुई है (बाईबल के टुकडे करने की कोशिश की गई) ऐसा क्यों?

3. और बाईबल में क्या कमियाँ रह गयी जो कुरान उतारनी पड़ी?

4. बाईबल के छः सौ - सात सौ (600-700 साल) साल बाद लगभग कुरान उतारी गई?

5. अल्लाह को 600-700 साल तक क्यों सोचना पड़ा?

6. यदि खुदा (अल्लाह) से गलती हुई तो वह खुदा नहीं है?

7. कुरान के 600-700 साल पहले बाईबल में लिखा जा चुका था कि बहुत से झूठे नबी खड़े होंगे।

8. कुरान क्यों कहती है कि नकल करके लिखी गई है?

9. यदि कुरान पर शक हो तो इंजील (बाईबल) पढो जैसा कुरान में लिखा है, 10-93, 10-36, 22-50, 25-3, 25-4, 28-47, 28-48, 62-4, 2-141, 2-142, 7-156, 2-145

10. बाईबल और कुरान में आसमान-जमीन का फर्क क्यों है?

11. बाईबल का मूल उद्देश्य - विश्वास, उद्धार, दया, प्रेम, पापों की क्षमा, पश्चाताप, हत्या ना करना और अनन्त जीवन की ओर ले जाना। मार्ग, सत्य और जीवन का रास्ता बताना।

12. जबकि कुरान डराने वाला, गुलाम बनाना, जिहाद-मरने, मारना, बदला लेना तथा लालच देने वाला है। मैं आगे कुरान की आयतों से तस्दीक करूंगा। पूर्व में लिखी गई आयतों को देखे।

13. तौरात - हमने मूसा को यह किताब दी, फिर उसके भाई हारून को मददगार क्यों बनाया? आसमान से उतरवाने में या तौरात को लिखवाने में? 25-34

14. हालांकि ये सब (यहूदी-ईसाई) आसमानी किताबें भी पढ़ते है। कुरान के अलावा आसमानी किताबें कौनसी है? 2-112

15. आप कह दीजिये कि अच्छा (तौरात और कुरआन के अलावा) तुम कोई और किताब अल्लाह के पास से ले आओ? 28-48

16. ये लोग यूँ कहते है कि तौरात व कुरान दोनों जादू है, जो एक दूसरे के अनुकूल (मिलती-जुलती) है? 28-47

17. उनके पास सच्चा कुरान और साफ-साफ बतलाने वाला रसूल आया। 43-28? या लोगों ने जमायत के अन्दर से एक को पैगम्बर मुकर्रर करें, जो आपकी आयतें पढ़कर सुनाये? 2-128

प्रश्न -   क्या मोहम्मद सा0 पढे लिखे थे या नही?

18. कुरान पर यह सफाई क्यों? सच-झूठ, शक-शूबा, जादू की किताब (कुरान-तौरात), कौन रसूल आया? 10-36, 10-93, 25-3, 25-4, 28-47, 28-48, 62-4, 64-7

19. तौरात और कुरान को झूठ और जादू क्यों कहा गया? हम इसको नही मानते। 34-42, 28-47, 43-29

20. कुरान नसीयत व डराने वाला है? 2-137, 2-189, 2-190, 2-193, 2-212, 3-9, 3-11, 3-27, 3-194, 4-73, 4-75, 4-88, 4-145, 4-166, 4-172, 5-13, 5-50, 5-53

21. हमने तुमको एक ऐसी जमायत बना दी जो (हर पहलू से) दरमियानी राह पर है, ताकि तुम (मुखालिफ) लोगों के मुकाबले में गवाह हो। 2-142

22. बेवकूफ लोग कहेंगे कि उन मुसलमानों को उनके किबला (पहली सिम्मत वाले) से (कि बैतुल मुकदस था) जिस तरह पहले मुतवज्जह हुआ करते थे, किसने बदल दिया। 2-142

23. तीनों किताबें तौरात, इंजील व कुरान को आसमानी किताबें कहा गया है? ये तीनों किताबें कौन से आसमान से उतारी गई? क्योंकि कुरान में सात आसमान का जिक्र है? 3-2, 41-11, 67-2, 71-14, 78-11

24. कुरान अल्लाह की आसमान से उतारी गई किताब है। फिर इस किताब को सहारा देने के लिये हदीस इन्सान के द्वारा क्यों बनाये गये? क्या कुरान पर यकीन किया जाये? या हदीस पर?

25. क्या कुरान हदीस की मोहताज है?

26. कुरान में (25) बार ईसा (येशू) का नाम आया, जबकि मुहम्मद का नाम (4) चार बार आया?

27. कुरान में ईसा (येशू) बड़ा है या मुहम्मद?

28. हारून की बहन को ईसा मसीह (येशू) की माँ कैसे कहा गया? जबकि (येशू) ईसा मसीह 1400 साल बाद आये? 19-27

कुरान में जिहाद.....?

1. जिहाद (धर्मयुद्ध) करना तुम पर फर्ज किया गया है? 2-215, 3-9, 3-11, 3-194, 5-13, 5-50, 36-5,7,8, 47-3, 47-6

2. जिन्होंने मेरी राह में जिहाद किया और शहीद हो गये, जरूर उन लोगों की तमाम खतायें माफ कर दूंगा? 3-194

3. जो काफिर है, उनको दोस्त मत बनाना, यदि अल्लाह की राह में मुँह फेरे तो उनको पकड़ो और कत्ल करो? 4-88

4. जो लोग कहते है ईसाई (क्रिश्चियन) है, अहद (प्रतिज्ञा) ली गई। हमने उनमें आपस में कियामत तक के लिये दुश्मनी डाल दी? 5-13, 5-50, 5-53

5. ऐ ईमान वालों, तुम लोगों को क्या हुआ, जब तुमसे कहा जाता है, कि अल्लाह की राह में (जिहाद) के लिये निकलो? 9-37

6. तलवार के साथ जिहाद कीजिये, उन पर सख्ती कीजिये, दोजख इनका ठिकाना है? 9-72

7. हम तुम पर अपने ऐसे बन्दों को मुसलमान करेंगे जो जंगजू होंगे। फिर वे तुम्हारे घरों में घुस पड़ेंगे और तुमको कत्ल करेंगे? 17-4, 17-5, 17-9

8. जो कुरान पर ईमान नहीं रखते, उनको काफिर, हराम कहा गया है। उनको दर्दनाक सजा तैयार (दोजख) है? 17-9

9. काफिर तो है ही, उनकी औरतों, बच्चों, सारे तरीके अपनाकर, सबको जैसे चाहो, इस्तेमाल करो, साझा करो? 17-61, 62, 63

10. जो अपने ऊपर जुल्म हो चुकने के बाद का बदला बराबर से ले, ले ऐसे लोगों पर कोई इल्जाम नहीं? 42-40

11. पस अगर हम (दुनिया से) आपको उठा ले तो भी हम उनसे बदला लेने वाले है? 43-40 क्या मरने के बाद भी अल्ला उनको बदला लेने में सहायता करेगा? क्या उनकी रूहे या आत्मा अलग रूप लेकर इन्तकाम (बदला) लेगी?

12. जिहाद कैसे पैदा हुआ? हारून की बहन को यीशु की माँ बताया गया जबकि यीशु की पैदाइश 1400 सौ साल बाद हुई? इस पर क्रिश्चियनस व दूसरे लोगों ने मजाक बनाना शुरू किया - यही से जिहाद की शुरूआत हुई। 19-27

कुरान में शराब पर क्या कहा गया "शराब"?

– कुरान में शराब पीना ठीक (जायज) समझा गया या गलत?

1. ऐ ईमान वालों शराब और जुआ और बुत (मूर्तियां) और कुआ के तीर ये सब गन्दे शैतानी काम है। सो इनसे बिल्कुल अलग रहो ताकि तुम कामयाब हो। कुरान 5-90, 2-218

2. इस 5-90 आयत में शराब, जुआ, बुतपरस्ती ये सब नजायज गलत कहा गया है। 2-218

3. मरने के बाद जन्नत में उनके पास शराब का ऐसा जाम लाया जायेगा जो बहती हुई शराब से भरा जायेगा। कुरान 37-44, 37-45, 37-46, 38-50, 47-14, 52-21, 52-22, 56-17, 76-4, 76-16, 78-33, 83-24

4. कुरान में जीते जी तो शराब पीने के लिये मना किया गया लेकिन मरने के बाद जन्नत में शराब मिलेगी? 83-24

5. क्या खुदा से कुरान में लिखने से गलती हो गई?
   (1) जन्नत में बहती हुई शराब 37-44
   (2) सफेद शराब मजेदार लगेगी। 37-45
   (3) वे उन बागों में तकिया लगाये बैठे होंगे और वह वहाँ (जन्नत) के खादिमों। बहुत से मेवे और पीने की चीजें मंगवायेंगे। 38-50
   (4) जन्नत में बहुत सी नहरें शराब की, शराब पीने वालों को मजेदार मालूम होगी। 47-14
   (5) हम उनको मेवे, गोश्त, दिन प्रतिदिन देते रहेंगे, आपस में शराब से जाम में छीना-झपटी भी करेंगे। 52-21, 52-22

6. ढक्कनदार लोटे और ढोंगे - जिनमें बहती हुई शराब भर दी जावेगी। 56-17

7. जो नेक लोग है, वे ऐसे शराब के जाम से शराब पीयेंगे। 76-4, 76-20

8. वहाँ (जन्नत) उनको ऐसा जामें शराब पिलाया जायेगा। उसमें सोंठ की मिलावट होगी। 76-16

9. पीने के लबालब भरे हुए शराब के जाम। 78-33, 79-32, 33

10. उनको पीने के लिये मुहरबन्द खालिस शराब मिलेगी। 83-24

11. कुरान के हिसाब से जन्नत में चार तरीके की शराब दी जायेगी। पहली - खालिस शराब, दूसरी - पाकीजा शराब, तीसरी - सौंठ की शराब और चौथी - सफेद शराब। (76-4)

— कुरान की नजर में शराब पीने वालों की तीन श्रेणी बनाई गई -

1. अपर क्लास में अल्लाह पिलायेगा - फर्स्ट क्लास 37-39, 47-6,14, 52-16,18,19,21,22, 56-10, 76-5,79-30

2. लड़के और लड़कियाँ शराब पिला रहे है - सेकण्ड क्लास 76-16,17,18,19,20,78-32,33

3. खुद डाल कर पी रहे होंगे - थर्ड क्लास 56-17

प्रश्न - यहाँ पर आपकी अकल को ताला तो नहीं लगाया गया क्या? किसी ने आपके साथ धोखा तो नहीं किया?

कुरान में लालच या तोहफा?

— कुरान में ये ईनाम या तोहफे केवल उन्हीं मुसलमान को दिये जायेंगे, जो अल्लाह (कुरान) पर ईमान लाते है, उसकी राह में चलते है। 2-23, 2-153, 2-215, 2-222, 3-14, 3-156, 3-194, 4-2, 4-5, 4-22, 4-23, 4-28, 4-33, 9-110, 17-5, 17-61, 18-29, 22-22, 31-7, 33-5, 33-36, 33-49, 33-50,

33-51, 33-54,58, 35-32, 37-41, 37-42, 37-43, 37-44, 37-45, 37-46, 37-47, 38-50, 38-34, 38-50, 51, 38-52, 43-69, 43-70, 44-53, 47-14, 48-4, 52-16, 52-19, 52-21, 52-22, 56-14, 56-16, 56-17, 56-20, 56-35, 56-36, 56-57, 57-10, 57-11, 57-12, 60-9, 61-11, 64-13, 66-4, 70-पेज-569ए-3, 76-4, 76-16, 76-20, 78-32, 78-33, 84-24, कुरान की इन आयतों को मैं पीछे हूं ब हूँ लिख चुका हूँ सो इन आयतों का अध्ययन करके सोचे?

1. जो ईमान लाये, उनके लिये जन्नते है। 2-23

2. जो अल्ला की राह में कत्ल किये जाते है, वे अल्ला के पास जाने वाले है। 2-153

3. जिहाद (धर्म युद्ध) करना, तुम पर फर्ज किया गया है? 2-215

4. अल्लाह से डरने वालों को, ऐसे बाग, नीचे नहरें, ऐसी बीबियाँ जो साफ सुथरी की हुई। उनके लिये रिजा और खुशनदी अल्लाह की तरफ से होगी। अल्लाह अपने बन्दों को खूब देखते है। 3-14, 47-10,11,12,13,14

5. अगर तुम अल्लाह की राह में मारे जाओ, तो लाजमी तौर पर अल्ला के पास मगफिरत और रहमत उन चीजों से बेहतर है। 3-156

6. जिन्होंने मेरी राह में जिहाद किया और शहीद हो गये, जरूर उन लोगों की तमाम खतायें माफ कर दूँगा। 3-194

7. यहाँ यतीम लड़कियों और औरतों, पसन्द कर निकाह कर 2-2, 3-3, 4-4 औरतों, इन्साफ न कर सको तो एक ही बीबी पर बस करो। 4-2

8. तुम यतीम लड़कियों को आजमा लिया करो, जब तक वह निकाह को पहुँचा जाये। मालों (औरतों) को जरूरत से ज्यादा खर्च, उड़ाकर मत खा लो। 4-5

9. वे औरते जो शौहर वालिया, यदि तुम्हारी मिल्कयत में, अल्लाह ने फर्ज कर दिया। उन औरतों के अलावा और औरतें तुम्हारे लिये हलाल की गई। 4-22, 4-23

10. औरत एक दूसरे के माल नाहक पर खाओ, रोजगार, रजामन्दी से हो तो हर्ज नहीं। तुम एक दूसरे का कत्ल भी मत करो। 4-28, 55-69, 55-71

कुरान कहती है?

कुरान 3-47, 3-49, 3-45 (मुसलमान सहमत है क्योंकि कुरान में दिया गया) कुँवारी से पैदा हुआ, चमत्कार यीशु के द्वारा, यीशु मसीह भी है।

असहमत - यीशु खुदा नही है, यीशु क्रूस पर मारा नहीं गया, ना यीशु मरे हुए में से जी उठा?

कुरान में ईसा को खुदा की रूह (रूह अल्ला) (कलिमे) कलमी तुल्ला - खुदा का कलाम और ईस्सल मसीह को ईसा मसीह कहा गया है। 3-44, 3-45

कुरान में यीशु को खुदा का कलाम खुदा की रूह, मसीह ईसा, आखिरत में आयेगें, बताया गया है, बाईबल भी यही कहती है।

कुरान में लिखा है खुदा बिन जुबान के बोल सकता है, बिन कानों के सुन सकता है, बिन आँखों के देख सकता है। कुरान कहती है - तुम मेरे गुलाम हो, अल्ला मालिक है (मालिक गुलाम से प्यार नहीं कर सकता ना गुलाम मालिक से)

बाईबल कहती है यहून्ना 1-2, यीशु बाप/पिता बना, उसने हमें बेटे-बेटियाँ होने का हक दिया। एक बाप अपने बच्चों से प्यार करता है, उनके गुनाहों को माफ करता है और एक बड़ी आशा जो मरने के बाद हमें अनन्त जीवन की ओर ले जाती है जहाँ ना रोना होगा ना दांत पीसना होगा।

प्रश्न -   दुनिया कैसे बनी?

उत्तर -   दुनिया कलाम के वसीले (क्रियेशन) से बनी।

कुरान कहती है - यीशु खुदा का कलाम है क्रियेटर रचयिता (बनानेवाला) वर्ड ऑफ गॉड क्रियेटर बनाने वाला कौन? यीशु 3-44, 3-45

यदि कलाम क्रियेशन तो यीशु क्रियेटर है।

यहाँ पर सब मुसलमानों को ईसाई बन जाना चाहिये। यदि मुसलमान ये कहे, कलाम खुदा का नही

–   तो फंस जाते है। और कुरान गलत साबित हो जाती है। यदि ये कहे ना क्रियेटर, ना क्रियेशन, ना ही खुदा भी है? तो वे (मुसलमान) खुदा के साथ भी नहीं?

कुरान पर शक में 40-50 आयतें कुरान में लिखी है। जिनको मैं पहले लिख चुका हूँ। 25-3,25-4, 25-34, 16-100, 18-28, 42-14

कुरान पर शक हो तो जाओ बाईबल (इंजील) पढ़ो? 10-93, 10-94, 3-118, 5-45, 4-135, 4-166 (50-60 आयते जो यहाँ नहीं लिख सकूँगा) पूर्व में लिख चुका हूँ।

कुरान में नफरत, बदला लेना, डराना, गुलाम बनाना, लड़ाई-झगड़े-फसाद, मरना-मारना, कत्ल, लालच, औरतों का, लड़कियों का लालच, शराब को नाजायज कहा गया है, 5-90, लेकिन मरने के बाद जायज हैं जन्नत में लड़कियाँ 2-215, 3-14, 2-2, 3-3, 4-2, 4-5, 4-22, 4-23, 4-28, 55-11, 12, 60, 69, 71, 64-13, 55-71 व अनेकों है।

नफरत - यहूदी-ईसाई - गैर जातियों को काफिर - कयामत तक के लिये दुश्मनी डाल दी गई है? 4-135, 4-166, 5-13, 5-50, 5-53

अल्लाह फेल हो गया कुरान में - सूरज काले पानी में डूबता है। 18-85

शैतान तो पैदा करके फेल हो गया? 6-8

कुरान, बाईबल की नकल बहुत जगह से की गई या नही? 25-3, 25-4

कियामत पर ईसा (यीशु) का आना 43-60, ईसा कियामत के यकीन का जरिया है। 43-60

दुनय्यावी जिन्दगी में कुरान में तोहफा है या खिलवाड़

2-220   काफिर औरतों/मर्दों के साथ निकाह मत करो, जब तक वे मुसलमान नहीं हो जाते?

काफिर औरतें चाहे अच्छी मालूम हो, इसके बजाय दासी (मुसलमान) ज्यादा सही है।

2-222   तुम्हारी बीबियाँ तुम्हारे लिये खेत है सो अपने खेत में जिस तरफ से होकर चाहो आओ।

2-229   फिर अगर कोई तीसरी तलाक दे दे औरत को, तो फिर वह उसके लिये हलाल ना रहेगी (सवाल: हलाल से मतलब - क्या पूरी तरह यूज नही कर सकेंगे?), उसके बाद यहाँ तक कि वह एक और खाविन्द के साथ निकाह करे। फिर अगर यह उसको तलाक दे दे तो इन दोनों पर इसमें कुछ गुनाह नहीं कि बदस्तूर मिल जाये।

2-233   जो लोग तुममें वफात (मर जाना) पा जाते है और बीबियाँ छोड़ जाते है, वे बीबियाँ अपने आपको निकाह वगैरहा से रोके रखे, चार महीने और दस दिन, मियाद खतम कर ले, तो तुमको कुछ गुनाह नहीं है।

4-2   अगर तुमको अन्देशा हो कि तुम यतीम लड़कियों के बारे में इन्साफ ना कर सकोंगे तो और औरतों से जो तुमको

पसन्द हो निकाह कर लो, दो-दो औरतों से, और तीन-तीन औरतों से और चार-चार औरतों से, पस अगर अन्देशा हो कि इन्साफ ना रखोगे तो फिर एक ही बीबी पर बस करो या बाँदी (तुम्हारी) मिल्क में हो वही सही।

4-4   तुम कम अकलों को अपने वे माल (औरतें) मत दो, जिनका अल्ला तआला ने तुम्हारे लिये जिन्दगी का सरमाया बनाया है।

4-5   तुम यतीमों को अजमा लिया करो यहाँ तक कि वह निकाह को पहुँच जाये, फिर उनमें किसी कद्र तमीज देखो तो उनके माल उनके हवाले कर दो और उन मालों को जरूरत से ज्यादा खर्च करके और इस ख्याल से कि ये बालिग हो जायेंगे जल्दी जल्दी उड़ाकर मत खा डालो।

4-18   ऐ ईमान वालों तुमको यह बात हलाल नही कि औरतों के (माल या जान) जबरन मालिक बन जाओं और उन औरतों को इस गरज से मुकैयद मत करो कि जो कुछ तुम लोगों ने उनको दिया है उसमें का कोई हिस्सा वसूल कर लो, मगर यह कि वे औरतें कोई खुली ना मुनासिब और गलत हरकत करे। उन औरतों के साथ खूबी के साथ गुजरान करो।

4-19   अगर तुम बजाय एक बीबी के दूसरी बीबी करना चाहो और तुम उस एक को ढेर का ढेर माल दे चुके हो तो उसमें से कुछ भी मत लो।

4-22   तुम पर हराम की गई, तुम्हारी माँ, बेटियाँ, बहने और औरतें जो तुम्हारी परवरिश में रहती है, उन बीबियों से जिनके साथ तुमने सोहबत की हो। (गुनाह भी, और गुनाह भी नही) यहाँ तक की दो बहनों को भी साथ रखो।

4-23   और वे औरतें जो शौहर वालियाँ है, मगर जो तुम्हारी मिल्क में आ जाये, अल्ला तआला ने तुम पर फर्ज कर दिया है। उन औरतों के अलावा और औरतें तुम्हारे लिये हलाल की गई है। यानि तुम उनको अपने मालों जरिये से चाहो, तुम बीबी बनाओ, सिर्फ मस्ती ही निकालना ना हो, फिर जिस तरीके से तुमने उन औरतों का फायदा उठाया है, महर लागू होने पर, रजामन्द होने पर कोई गुनाह नहीं है?

4-28   ऐ ईमान वालों आपस में एक दूसरे के माल नाहक तौर पर मत खाओ, लेकिन तिजारत हो जो आपसी रजामन्दी से हो तो हर्ज नहीं, कोई गुनाह नही।

4-33   बददिगागी औरतों को नसीयत दो, नही माने तो मारो, उनके लेटने की जगह अकेला छोड़ दो।

4-56   जो लोग ईमान लाये (मुसलमान) और अच्छे काम किये हम उनको जल्द ही ऐसे बागों में दाखिल करेंगे, नीचे नहरे जारी होगी, हमेशा-हमेशा के लिये रहेंगे पाक-साफ बीबियाँ होगी।

4-128   तुमसे यह तो कभी ना हो सकेगा कि सब बीबियों में बराबरी रखो अगरचे तुम्हारा कितना ही जी चाहे, तो तुम बिल्कुल एक ही तरफ ना ढल जाओ, जिससे उसको ऐसा कर दो, जैसे कोई अधर से लटकी हो, सुधार कर ले, तो एहतियात रखो।

6-151   यतीम के माल के पास मत जाओ मगर ऐसे तरीके से जो कि अच्छा और पसन्दीदा है। यहां तक कि वह अपने बालिग होने की उम्र को पहुँच जाये, और नाप-पौल पूरी-पूरी किया करो, इन्साफ के साथ, हम किसी शख्स को उसकी ताकत से ज्यादा तकलीफ नही देते। (सवाल- माल लड़की को कहा गया। क्या मज़ाक बनाया गया है?)

9-110   अल्ला ने मुसलमानों से उनकी जानों और उनके मालों (औरतों को) को इस बात के बदले खरीद लिया है कि उनको जन्नत मिलेगी। सवाल - अल्ला औरतों को खरीदकर जन्नत में जगह दी। ये कैसा लेन-देन है?

17-5   जब तुम तौबा करोगे तो उन पर तुम्हारा गल्बा कर देगे और माल (औरतों) और बेटों से तुम्हारी मदद करेंगे और तुम्हारी जमाअत को बढ़ा देंगे।

17-63   जिस-जिस पर तेरा काबू चले, अपनी चीख-पुकार से उसका कदम उखाड़ देना और उन पर अपने सवार और प्यादे चढ़ा लाना और उनके माल (औरतें) और औलाद में साझा कर लेना।

33-5   नबी मोमिनों के साथ खुद नफस (जुड़ना) से ज्यादा ताल्लुक रखते है। आपकी बीवियाँ उनकी माएँ है? मगर यह कि तुम अपने दोस्तों से कुछ सुलूक करना चाहो तो वहाँ जायज है?

33-27   28 ऐ नबी आप अपनी बीबियों से फरमा दीजिये कि तुम अगर दुनियावी जिन्दगी (का ऐश) और उसकी बहार चाहती हो, तो आओ मैं तुमको कुछ माल और दुनियावी समान दे दूँ और तुमको खूबी के साथ रूख्सत करूँ।

33-29   ऐ नबी की (सलल, अलैहि व सल्लम) बीबियों जो कोई तुममें से खुली हुई बेहूदगी करेगी, उसको दोहरी सजा दी जायेगी, यह बात अल्लाह को आसान है। (सवाल: क्या औरत ही बेहूदगी कर सकती है? क्या नबी, आदमी कभी बेहूदगी नही कर सकता हैं क्या?)

33-36   जब आप उस शख्स से फरमा रहे थे, जिस पर अल्लाह ने भी इनाम किया और आपने भी इनाम किया कि

अपनी बीबी (जैनब) को अपने निकाह में रहने दे और खुदा से डर और आप अपने दिल में वह बात भी छुपाये हुए थे (सवाल - यहाँ गुनाह कौन कर रहा है?) आप खुद सोचे?

> फिर जब जैद (रजि.) का उससे जी भर गया, हमने आपसे उसका निकाह कर दिया, ताकि

मुसलमानों पर अपने मुँह-बोले बेटों की बीबियों के निकाह के बारे में तंगी ना रहे

(सवाल - क्या एक बाप अपने बेटे की बीबी से निकाह कर सकता है? यहाँ खुदा ने हा कर दी, नबी पर कोई इल्जाम नहीं?)

33-48 ऐ ईमान वालों तुम जब मुसलमान औरतों से निकाह करो, और फिर तुम उनको हाथ लगाने से पहले तलाक दे दो, तो तुम्हारा उन पर कोई वाजिब नही, जिसको तुम गिनने लगो, तो उनको कुछ सामान दे दो और खूबी के साथ उनको रूख्सत करो।

33-49 हमने आपके लिये आपकी ये बीबियाँ जिनको आप उनके मेहर दे चुके है, हलाल की है, और वे औरतें भी जो तुम्हारी मम्लूका है, अल्ला की गनीमत में आपको दिलवा दी है और आपके चचा की बेटियाँ, फूफी, मामू, खालाओं की बेटियाँ भी आपके साथ हिजरत की हो, और उस मुसलमान औरत को भी जो बिना बदले के अपने को पैगम्बर को दे दे, बशर्ते कि पैगम्बर उसको निकाह में लाना चाहे। हमने उन पर उनकी बीबियों और बांदियों के बारे में मुक़र्रर किये है ताकि आप पर किसी किस्म की तंगी ना हो। अल्ला माफ करने वाला, रहम करने वाला है।

33-50 आप जिसको चाहे (जब तक चाहे) अपने से दूर रखे और जिसको चाहे (जब तक चाहे) अपने नजदीक रखे और

जिनको दूर कर रखा था उनमें से फिर किसी को तलब करे तब भी आप पर कोई गुनाह नही। उनकी आँखे ठण्डी रहेगी और गमगीन ना होगी, कुछ भी आप उनको देंगे, उस पर सबकी सब राजी रहेगी।

33-51 और औरतें आपके लिये हलाल नही है, कि आप उन बीबियों की जगह दूसरी बीबियाँ कर ले, अगरचे आपको उनका हुस्न अच्छा मालूम हो, हाँ मगर जो आपकी मिल्क में हो। अल्ला का पूरा निगराँ है।

33-54 पैगम्बर की बीवियों पर अपने बापों के बारे में कोई गुनाह नहीं, न अपने बेटों के, न भाईयों के, न भतीजों के, न भाँजों के, न औरतों के, न बांदियों के, खुदा से डरती रहो।

33-58 ऐ पैगम्बर। अपनी बीवियों से और अपनी बेटियों से, दूसरे मुसलमानों की बीबियों से भी कह दीजिये कि (सर से) नीचे कर लिया करे अपने ऊपर थोड़ी सी अपनी चादरें, इससे जल्दी पहचान हो जाया करेगी, तो तकलीफ न दी जाया करेगी। सवाल - ये कैसा ईशारा है?

58-2 जो लोग अपनी बीबियों से जिहार करते है, अपनी कही हुई बात की तलाफी करना चाहते है तो उनके जिम्मे एक गुलाम या बाँदी का आजाद करना है।

60-9 ऐ ईमान वालों। जब तुम्हारे पास मुसलमान औरतें (गैर इस्लामिक मुल्क से) हिजरत करके आये, तो तुम उनका इम्तिहान कर लिया करो। उनके ईमान को अल्ला ही खूब जानता है। पस अगर उनको (उस इम्तिहान की रूह से) मुसलमान समझो तो उनको काफिरों की तरफ वापस मत जाने दो, क्योंकि न तो वे औरतें उन काफिरों के लिये हलाल है और

न वे काफिर उन औरतों के लिये हलाल है। और उन काफिरों ने जो कुछ खर्च किया हो, वह उनको अदा कर दो। और तुमको उन औरतों से निकाह कर लेने से कुछ गुनाह न होगा। जबकि तुम उनके महर उनको दे दो। ऐ मुसलमानों तुम काफिर औरतों के ताल्लुकात को बाकी मत रखो और उस सूरत में जो कुछ तुमने खर्च किया हो, उन काफिरों से मांग लो और जो कुछ उन काफिरों ने खर्च किया हो, वे तुमसे मांग ले, अल्ला का हुक्म है।

60-10 अगर तुम्हारी बीबियों में से कोई बीबी काफिरों में रह जाने से तुम्हारे हाथ न आये, फिर तुम्हारी बारी आये तो जिनकी बीबियाँ हाथ से निकल गई जितना महर उन बीबियों पर खर्च किया था उसके बराबर तुम उनको दे दो।

64-13 ऐ ईमान वालों, तुम्हारी बाज बीबियाँ और औलाद तुम्हारे दीन (धर्म) की दुश्मन है सो तुम उनसे होशियार रहो।

65-1 ऐ पैगम्बर आप लोगों से कह दीजिये कि जब तुम अपनी औरतों को तलाक देने लगो तो उनको इद्दत से पहले (यानी पाकी के जमाने में) तलाक दो। 24-5

66-4 अगर पैगम्बर उन औरतों को तलाक दे दे तो उनका परवर्दिगार बहुत जल्द तुम्हारे बदले उनको तुमसे अच्छी बीबियाँ दे देगा, जो इस्लाम वाली, ईमान वाली, फरमाबरदारी करने वाली, तौबा करने वाली, ईबादत करने वाली, रोजा रखने वाली होगी, कुछ बेवा और कुँवारियाँ।

4-14 यदि कोई औरत के साथ जिना (बलात्कार) करे, वो तब तक गुनाह नही माना जायेगा, जब तक चार गवाह नही होंगे, उनकी गवाही की बुनियाद पर ही फैसला होगा?

सवाल-   इस हालत में कोई औरत 4-4 गवाह कहाँ से लायेगी? (अल्ला से गलती हो गयी या मोहम्मद सा0 से या लिखने वाले से या सोचने वाले से?)

जन्नत में तोहफा है या खिलवाड़?

2-24   ऐ पैगम्बर उन लोगों को जो ईमान लाये और काम किये अच्छे, उनके वास्ते जन्नते है। नीचे

नहरें बहती होगी, उनके वास्ते उन जन्नतों में बीबियाँ होगी, साफ, पाक की हुई और वे लोग जन्नतों में हमेशा बसने वाले होंगे।

3-14   ऐसे लोगों के लिये जो अल्लाह से डरते है। उनके मालिक के पास ऐसे-ऐसे बाग है जिनके

नीचे नहरे जारी है, उनमें हमेशा-हमेशा को रहेगें और ऐसी बीबियाँ है जो साफ-सुथरी की हुई है और उनके लिये रिजा और खुशनूदी है। अल्ला अपने बन्दों को खूब देखते है।

36-55   वे और उनकी बीबियों सायों में मसहरियों पर तकिया लगाये बैठे होंगे।

36-56   उनके लिये हर तरह के मेवे होगे और जो कुछ माँगेगे उनको मिलेगा।

37-41   42, 43, 44, 45, 46, 47

यानि मेवे और वे लोग बड़ी इज्जत से आराम के बागों में तख्तों पर आमने-सामने बैठे होंगे।

पास शराब का ऐसा जाम लाया जायेगा जो बहती हुई शराब से भरा जायेगा। सफेद होगी, पीने वालों को मजेदार मालूम होगी, न सिरदर्द होगा और ना उससे अकल में फतूर आयेगा

और उनके पास नीची निगाह वाली बड़ी-बड़ी आँखों वाली हूरे होगी।

38-50   में भी यही बाते कही गयी है। इसमें केवल उन्हीं की उम्र वाली लड़कियाँ, औरतें होगी का बयान किया गया है।

38-51   उनके पास नीची निगाह वालियाँ उन्हीं की उम्र वाली होगी।

43-70   उनके पास (तुम्हारी बीबियाँ) सोने की रकाबियाँ और गिलास लाये जायेंगे (यानि जन्नत के नौ उम्र लड़के-लड़कियाँ लायेंगे) और वहाँ वे चीजे मिलेगी जिनको जी चाहेगा और जिनसे आँखों का लज्जत मिलेगी और तुम यहाँ हमेशा रहोंगे। 44-51,52,53,54,55

खुदा से डरने वालों के लिये अमन, बागों में, नहरों में, वे लिबास पहनेंगे मोटा रेशम का, सामने बैठे होंगे। हम उनका गौरी-गौरी, बड़ी-बड़ी आँखों वालियों से निकाह करेंगे। वहां इत्मीनान से हर किस्म के मेवे मँगाते होंगे और मौत का जायका भी नहीं चखेंगे।

47-6   ऐ ईमान वालों अगर तुम अल्लाह की मदद करोगे तो वह तुम्हारी मदद करेणा। सवाल - यहाँ सब्जेक्ट टू कन्डीशन (शर्त के साथ) सौदा किया जा रहा है।

47-11   जो ईमान लायेंगे, अच्छे काम किये, बागों में दाखिल करेगा, नीचे नहरे बहती होगी।

47-14   जन्नत में बिना बदलाव का पानी होगा, दूध की नहरें जिनका जायका बदला ना होगा, बहुत सी नहरे शराब की, जो पीने वालों को बहुत मजेदार मालूम होगी, बहुत सी शहद की जो बिल्कुल साफ होगा।

48-4   अल्ला मुसलमान मर्दों, औरतों को ऐसी जन्नतों में दाखिल करे जिनके नीचे नहरे जारी होगी, जिनमें हमेशा को रहेंगे, ताकि उनके गुनाह दूर कर दें।

52-16   18,19,21,22 बेशक मुत्तकी लोग (जन्नत के) बागों और ऐश के समान में होंगे। खूब खाओ-पीओ मजे के साथ, अपने अमाल के बदले में। तकिया लगाये तख्तों पर जो बराबर-बराबर बिछाये हुए है और हम उनका गौरी-गौरी बड़ी-बड़ी आँखों वालियों (यानि हूरे) से निकाह कर देंगे। हम उनको मेवे और गोश्त जिस किस्म का उनको पसन्द हो दिन-प्रतिदिन बढ़ने वाला देते रहेंगे। वहाँ आपस में (दिल्लगी के तौर पर) शराब के जाम में छीना-छपटी भी करेगें, उसमें न बक-बक लगेगी और न कोई बेहूदा बात होगी।

55-55   उनमें नीची निगाह वालियाँ (यानि हूरे) होगी कि उन जन्नती लोगों से पहले उन पर ना तो किसी आदमी ने तसरूफ किया होगा और न किसी जिन्न ने।

55-69   उनमें अच्छे गुणवाली खूबसूरत औरतें (यानि हूरें) होगी।

55-71   वे औरतें गोरी-गोरी रंगत की होगी और खेमों में महफूज होगी। (सवाल: क्या खेमो के बाहर खतरा हैं?)

56-16   17, 20, 21 उनके आस-पास ऐसे लड़के जो हमेशा लड़के ही रहेंगे, ये चीजे लेकर आना-जाना किया करेंगे। ढक्कनदार लोटे और डोंगे, ऐसा जामे शराब जो बहती हुई शराब से भरा जायेगा। परिन्दों का गोश्त जो उनको पसन्दीदा होगा। उनके लिये गोरी-गोरी बड़ी-बड़ी आंखों वाली औरतें होगी (यानि हूरे)

56-34   35, 36 हमने उन औरतों को खास तौर पर बनाया है। यानि हमने उनको ऐसा बनाया कि वे कुँवारियाँ है, महबूबा है, हम उम्र है।

76-20   और उन जन्नतियों पर बारीक रेशम के हरे रंग के कपड़े होंगे और दबीज रेशम के कपड़े भी (क्योंकि हर लिबास में अलग लुफ्त है) और उनको चाँदी के कंगन पहनायें जायेंगे और उनका रब उनको पाकीजा शराब पीने को देगा (जिसमें न नापाकी होगी न गदलापन)

–   अल्ला जन्नत में तीन तरीके से शराब पिलवायेगा -

1.   अल्ला खुद अपने हाथों से शराब पिलायेगा। (ये वी.आई.पी. दर्जा होगा)

2.   नौ उम्र की लड़कियाँ-लड़के, औरते शराब पिलायेगी। (ये मदहोश करने वाला दर्जा होगा)

3.   बहती शराब की नहरों से खुद शराब पियेंगे। (यहाँ पर ये खुद ही शराब पीयेंगे)

85-9   जिन्होंने मुसलमान मर्दा और औरतों को तकलीफ पहुंचाई और फिर तौबा नहीं की, तो उनके लिये जहन्नम का अजाब है।

"बाईबल में (ईसा मसीह) यीशु के चमत्कार"

- दुष्ट आत्माओं को निकालना, मिर्गी व लकवे के रोगियों को ठीक करना

- कोढ़ के रोगी को चंगा करना, तूफान को शान्त करना, आंधी और पानी भी उसकी आज्ञा मानते है। मरे (मृत) हुए इन्सान को जिन्दा करना, यीशु के कपड़े को छूने से स्त्री का लहू बहने का रोग खत्म हो गया।

- गूंगे, बहरों को बोलने की शक्ति देना। अन्धों को आँखे देना। सूखे हाथ वाले मनुष्य को चंगा करना।

- दो मछली और पाँच रोटी से पाँच हजार लोगों को खाना खिलाना।

- अपनी मौत की भविष्यवाणी करना। यीशु सूली पर मर कर वापस जिन्दा होना। तीन बार अपनी मृत्यु के बारे में भविष्यवाणी करना। यीशु का पानी पर चलना, चार दिन के मरे हुए व्यक्ति (लाजरस) को जिन्दा करना। दुनिया का अन्त आग और गन्धक से होगा की भविष्यवाणी करना, कुबड़ी स्त्री को चंगा करना, यीशु को स्वर्ग पर उठा लिया गया। कयामत पर यीशु दुबारा आना, यीशु के क्रूस पर प्राण त्यागने पर चट्टाने तड़क गई, कब्रें खुल गई, पवित्र लोगों के

शव जी उठे। दिन में अंधेरा छा गया। रोम साम्राज्य की सरकार के सिपाही यीशु के जी उठने से डर गये। अनेक लोगों को दिखने के बाद बादलों ने उसे उनकी आँखों से छिपा लिया। यीशु द्वारा अनेको चमत्कार (मौजमे) किये जिनको गहराई व विस्तार से बताना मुश्किल हैं। (केवल कुरान के अलावा मोहम्मद साहब ने कोई चमत्कार नहीं किये)

क्या यीशु ही खुदा का बेटा है या नही?

-   कुरान में अल्ला को ईश्वर, गॉड, खुदा कहा गया है। इसके सिवाय कोई खुदा नही।

-   जबकि बाईबल में यीशु (ईसा मसीह) को खुदा का बेटा कहा गया है। यहेजकल 2: 3-7, यूहन्ना 10: 37, लूका 5: 17, मत्ती 9: 2-7

-   कुरान में ईसा मसीह को ईसा मसीह (यीशु) कहा गया है।

-   कुरान में ईसा (यीशु) का जिक्र (25) पच्चीस बार आया। जबकि हजरत मोहम्मद का नाम केवल (4) चार बार ही आया।

-   यदि कुरान पर ईमान रखने वाले यीशु को खुदा का बेटा नही कहते है तो कुरान में कल्मीतुल्ला - खुदा का कलाम, रूह-अल्ला - खुदा की रूह, ईसा मसीहा क्यों आया? 3-44, 3-45, 9-30

-   यदि इंजील (बाईबल) क्रिश्चियन इस्क्रंपचर (वर्ड ऑफ गॉड) खुदा का कलाम है या नही? यदि ये कहे - नही - तो कुरान गलत (झूठी) ठहर जायेगी, फिर इस्लाम भी झूठा, गलत है?

- यदि ये कहे कि ये इंजील सच्ची (खुदा का कलाम) है, तो मुसलमानों को सोचना होगा कि हम कहाँ है, हम किस सच या झूठ की बुनियाद पर खड़े है?

- खुदा ने दुनियाँ कैसे बनाई - कलाम के वसीले से (क्रियेशन) कुरान कहती है। यीशु (जीसस क्राईस्ट) खुदा का कलाम (क्रियेटर) है, कलिमे (कल्मीतुल्ला) - खुदा का कलाम, रूह अल्ला- खुदा की रूह, मसीह ईसा - आखिरता में (ईसा मसीह)

- यदि मुसलमान इसे झूठ कहेंगे तो कुरान गलत हो जायेगी।

- यदि वे इसे सही साबित करेंगे तो यीशु (ईसाँ मसीह) ही खुदा है।

- यदि मुस्लिम ये कहे कि इंजील (बाईबल) करेप्ट खराब हो गई, तो कुरान में कही नही आया कि अल्ला का कलाम खराब किया जा सकता। 6-114

- दुनियाँ के 56 देश जो लगभग 80 प्रतिशत मुस्लिम बहुल है के अलावा पूरी दुनियाँ बाईबल को मान्यता (सर्टिफाईड) व स्वीकार करती है।

- कही ऐसा तो नही अपनी कमजोरियों को छिपाने के लिये बाईबल पर दोष लगाया जाये?

- जबकि बाईबल की नकल कुरान में करने की पूरी कोशिश की गई। जैसा कुरान कहती है। कुरान की (32) बत्तीस आयतें शकशूबा को जाहिर करती है। किताब - एक भाग या दूसरा भाग देखें व पढ़ का खुद ही सोचे?

- यदि बाईबल पर विश्वास (ईमान) नही है तो कुरान गलत ठहर जायेगी। ईमान रखने वालों को सोचना

पड़ेगा कि सच क्या है? मेरी किताब का पार्ट-एक व पार्ट-दो में देखे।

- क्यों बार-बार कुरान में आया कि कुरान समझ में नहीं आये, तो (इंजील) बाईबल पढ़ो - तुम्हारा हिसाब इंजील के द्वारा होगा। कुरान देखे। 2-141, 2-142, 2-145, 7-156, 10-36, 10-93, 22-50, 25-3, 25-4, 28-47, 28-48, 62-4

3-51 सो सब हजरत ईसा (अलैहिस्लाम) ने उनसे इन्कार देखा, तो आपने फरमाया कि ऐसे आदमी भी हैं, जो मेरे मददगार हो जाये, अल्ला के वास्ते। 5-109, 9-29 देखे।

3-54 ऐ ईसा (कुछ गम ना करो) बेशक मैं तुमको वफात देने वाला हूँ और फिलहाल मैं तुमको अपनी तरफ उठाये लेता हूँ, जो इनकारी है और जो लोग तुम्हारा कहना मानने वाले है, उनको गालिब रखने वाला हूँ।

प्रश्न वफात का मतलब डैथ ऑफ बिलिवर - वापस जिन्दा होना, मरकर जी उठना, मौत पर फतहा पाना, मौत को जीतना, मौत को जानने वाला। 2-233 में भी वफात का अर्थ मिल जायेगा।

3-54 कुरान कहती है यीशु (ईसा मसीह) की मौत नहीं हुई। उन्हें उठा लिया गया। फिर यीशु को कैसी वफात (मर कर जी उठना) दी गई? कुरान में जिस दिन पैदा हुआ और जिस दिन इन्तकाल करूंगा और जिस दिन कियामत में जिन्दा करके उठाया जाऊँगा। 19-14, 19-32 (यहाँ इन्तकाल भी हो रहा है और कहा जा रहा है की जिन्दा करके उठाया जाऊँगा।)

3-54 कुरान में यीशु को वफात देने डैथ ऑफ बिलिवर क्यों कहा गया? कुरान के हिसाब से मोहम्मद साहब पर ये मेहरबानी क्यों नही की गई?

– बाईबल अनुसार यीशु को सूली पर मौत देने के बाद तीसरे दिन वापस जी उठे और उसके बाद उन्हें उठा लिया गया (जैसी भविष्यवाणी थी) पर यूँ कहे ऊपर स्वर्ग (जन्नत) में चले गये। बाईबल में देखे मत्ती 20 : 19, मरकुस 10 :34, लूका 18 : 33 (बाईबल पढ़ो)

3-60   कुरान में ईसा के बारे में जो हुज्जत करे, उन पर सब मिलकर दुआ करे, अल्ला की लानत भेजे, उन पर जो नाहक पर हो। 4-171, 4-172

4-170   कुरान - ऐ एहले किताब। तुम अपने दीन में हद से मत निकलो और खुदा तआला की शान में गलत बात मत कहो, मसीहा ईसा इब्ने मरयम तो और कुछ भी नहीं अलबत्ता, अल्लाह के रसूल है और उसका एक कलिमा है। इसको हम कह सकते है खुदा का कलाम। 3-44, 3-45, 9-30, 4-170, 4-171

– कुरान में फरिश्ते ने कहा कि मैं तुम्हारे रब्ब का भेजा हुआ फरिश्ता हूँ ताकि तुमको एक पाकीजा लड़का दूँ।
– यहाँ भी बड़ा विरोधागस है, कुरान की आयतों में -

3-44   में मरियम को फरिश्तों ने कहा

19-15   में मरियम को फरिश्ते (एक फरिश्ता - जिबराईल) ने कहा

प्रश्न -   क्या अल्ला से गलती हुई या लिखने वालो से?

– -कुरान के हिसाब से यीशु रूह-अल्ला से पैदा हुआ। बाईबल भी यही कहती है। 3-42, 3-44, 3-45, 19-15, 19-16, 19-19, 19-20, 19-29, 30, 31, 32

19-32   कुरान में कहा, अल्ला की जानिब से पैदा हुआ।

19-29   यीशु के पैदा होने पर अल्ला ने उनको इंजील (बाईबल) दी। जबकि बाईबल तो यीशु के आने से पहले 1400

साल से अलग अलग भक्तों के द्वारा लिखी गई। दाउद (डेविड) द्वारा भजन संहिता 2.7 व यशायाह 9 : 6 मसीहा इन्सान की शकल में पैदा होगा, जो सबके गुनाहों को ऊपर लेकर क्रूस (सूली) पर लटकाया जायेगा। फिर तीसरे दिन (मुर्दा) मरकर जी उठेगा। कियामत के दिन, फिर आने वाले है।

   – यीशु के आने के छः सौ - सात सौ (600-700) साल बाद नकल व तबदीलियाँ करके कुरान लिखी गई। इसके बाद इस्लाम आया।

2-128   जमायत के अन्दर से एक ऐसे पैगम्बर को पैदा कीजिये, जो अकल व समझ की तालीम रखता हो, पढ़-पढ़कर सुनाया करे। यही से इस्लाम धर्म की पैदाईश हुई। 3-109 (मोहम्मद सा0 तो अनपढ़ थे, वे कैसे पढ़-पढ़कर सुना सकते थे?)

   – यहाँ पैगम्बर व जमायत, इस्लाम का उदय हुआ।

2-142   हमने तुमको एक ऐसी जमायत बना दी जो दरमियानी राह पर है, ताकि तुम मुखालिफ लोगों के मुकाबले में गवाह हो। (यही से इस्लाम शुरू हुआ)

   – उस जमाने में अनेकों लोगों ने इस कुरान पर अपना शक-शूबा जाहिर किया। कुरान में देखे- 2-84, 2-88, 2-100, 2-104, 2-107, 2-120, 2-139, 2-142, 2-158, 3-74, 3-94, 3-98, 4-46, 4-60, 4-104, 4-105, 4-135, 4-166, 5-13,14, 5-50, 5-53, 5-59, 5-67, 5-102, 6-1, 6-3, 6-4, 6-8, 6-10, 6-11, 6-24, 6-25, 6-26, 6-30, 6-32, 6-33, 6-38, 6-48, 6-73, 6-113, 6-156, 6-158, 10-36, 47, 11-34, 16-100, 17-92, 18-28, 22-50,

25-3, 25-4, 27-67,68, 68, 28-48, 29-47, 43-29

– मुस्लिम द्वारा केवल इतना सा कह देना कि बाईबल करेप्ट बदल दी गयी। यह सरासर झूठ है। कमजोरियों को छिपाया जा रहा है। सच को क्यों छिपाया जा रहा है, बाईबल पढें।

5-109 कुरान में ईसा (यीशु) को अल्ला ने रूहल-कुदूस से ताईद दी।

(यहाँ ताईद का मतलब - मददगार, मुख्तार, सहायक बनाना) कुरान की 3-51 की आयत भी यही बोलती है।

19-18 यीशु को पाकीजा व खुदा का बेटा क्यों कहा गया?

3-51 अल्ला ने यीशु को मददगार कहा। एक जान कहा। 4-170

3-54 मैं तुमको वफात डैथ ऑफ बिलिवर मौत को जानने वाला क्यों कहा?

3-44 45 में यीशु को रूह-अल्ला कहा गया, क्यों?

19-32 अल्ला की जानिब से पैदा हुआ। कह चुके है कि अल्ला-तआला ऐन मरयम के बेटे मसीह है, क्या कुरान मानती है या नही?

5-109 यीशु रूहल-कुदूस से ताईद (मतलब - मुख्तार, मददगार, वारिस, सहायक बनाना) दी।

19-29 कुरान में यीशु को खास बन्दा क्यों कहा गया? कुरान में किसी भी नबी को ऐसी नियामत क्यों नहीं दी गई?

– यीशु आखिरत में मुकरबीन होगे।

19-32   मुझ पर (अल्ला की जानिब से) सलाम है, जिस दिन मैं पैदा हुआ और जिस दिन इन्तकाल करूंगा और जिस दिन (कियामत में) जिन्दा करके उठाया जाऊँगा। यहाँ इन्तकाल और जिन्दा करके उठाया जाना। कुरान 3-51 व 3-54 कुछ बोलती है। कुरान 4-156 व 4-157 कुछ और बोलती है? कुरान कहती है ईसा मसीह (यीशु) मरे नही, फिर किसको जिन्दा किया जायेगा? 3-54 देखे।

3-54   में कुरान कहती है ऐ ईसा (यीशु) कुछ गम ना करो, बेशक मैं तुमको वफात (डैथ ऑफ बिलिवर) देने वाला हूँ।

- यहाँ वफात का मतलब - मौत पर फतह, मरकर जी उठना, मौत को जीतना (डैथ ऑफ बिलिवर) का खिताब कह लो।

- कुरान व मुस्लिम भी कहते है कि यीशु (ईसा) मरा (डैथ) ही नही तो कुरान 3-54 में यीशु को वफात (डैथ ऑफ बिलिवर) क्यों दी गई? (महान आत्मा, सन्त, ईश्वर का रूप की मौत या मर कर जिन्दा होना, मौत को जीतना, मौत जानने वाला)

- कुरान 3-54 में यीशु मरा या नही? अब आप ही बताये।

- कुरान की 19-32 में क्यों कहा गया कि यीशु (ईसा) कियामत में जिन्दा करके उठाया जाऊँगा? **कुरान के हिसाब से जब यीशु मरा ही नही तो मरकर जिन्दा कैसे हो गया?**

क्या जन्नत (स्वर्ग) में भी जिन्दगी और मौत है?

- कुरान में ये विरोधाभास मरकर जिन्दा कैसे हो गया? कन्ट्रोवर्सीज आयते कैसे?

- बाईबल कहती है कि ईसा (यीशु) को सूली दी गई, मारा गया फिर तीसरे दिन (मृत्यु) मर कर वापस जिन्दा हो और ऊपर उठा लिया गया।

- कुरान में केवल ईसा (यीशु) को ही क्यों कहते है? आखिरत में आयेगे? 5-158 वफात का मतलब 2-233 में समझ में आ जायेगा।

- यीशु इन्सान बनकर क्यों भेजा गया? कुरान भी कहती है, और बाईबल भी कहती है।

- कुरान में यीशु (ईसा) को रूह-अल्ला, खुदा की रूह कहा गया है। बाईबल में भी खुदा की रूह, खुदा का बेटा कहा गया है।

   कुरान में लगभग (25-30) पच्चीस-तीस बार आया है, "तुम मेरे गुलाम हो", अल्ला मालिक है बार-बार क्यों आया?

- क्या हम सब अल्ला के गुलाम है?

- मालिक, गुलाम से प्यार नही कर सकता और ना ही गुलाम मालिक से।

- बाईबल में (यहून्ना 1 : 12) परन्तु जितनों ने उसे ग्रहण किया, उसने उन्हें परमेश्वर (गॉड) की सन्तान होने का अधिकार दिया, अर्थात उन्हें जो उसके नाम पर विश्वास रखते है। वे ना तो लहू से ना शरीर की इच्छा से, ना मनुष्य की इच्छा से परन्तु परमेश्वर से उत्पन्न हुए है।

- बाईबल में खुदा, हमारा बाप बना, जिसने हमें यहाँ दुआ सिखाई - "ऐ हमारे बाप, तू जो आसमान पर है, तेरा नाम पाक माना जाये। तेरी बादशाहत आए। तेरी मर्जी जैसे आसमान पर पूरी होती है, वैसे जमीन

पर भी पूरी हो, हमारी रोज की रोटी हमें बख्श दे। और जिस प्रकार हम अपने कुसूरवारों को माफ करते है, वैसे ही तू भी हमारे कुसूरों को माफ कर। हमें अजमाईश में ना ला, परन्तु बुराई से बचा, क्योंकि बादशाहत, कुदरत और जलाल हमेशा तेरा ही हो। आमीन

"हे हमारे पिता तू जो स्वर्ग में है, तेरा नाम पवित्र माना जाये, तेरा राज्य आये। तेरी इच्छा जैसे स्वर्ग में पूरी होती है, वैसे ही पृथ्वी पर भी पूरी हो। हमारी दिन भर की रोटी आज हमें दे। और जिस प्रकार हमने अपने अपराधियों को क्षमा किया है, वैसे ही तू हमारे अपराधों को क्षमा कर। हमें परीक्षा में ना डाल, परन्तु बुराई से बचा, क्योंकि राज्य, पराक्रम और महिमा सदा तेरे ही है। आमीन"?

- बाईबल कहती है जितनों ने मुझे देखा, उन्होंने पिता को देखा।

- यीशु (ईसा) खुदा की तरफ से भेजा गया, गॉड - अल्ला - हमारा पिता हुआ यीशु इन्सान बनकर दुनियाँ में आया, तो खुदा को बेटा हुआ।

- रूह अल्ला (यीशु अल्ला की रूह) - पवित्र आत्मा हुआ।

- इन तीनों को बाईबल में स्वीकारा गया है।

- अब आप ही बताईये कि यीशु खुदा का बेटा है या नहीं?

क्या बाईबल (इंजील) हमें शान्ति का सन्देश देती है? या कुरआन

सबसे पहले हम बाईबल (इंजील) को देखते है। उसके बाद हम कुरान का एनालिसिस मूल्यांकन करेंगे।

आइये देखे बाईबल क्या कहती है?

- हे परिश्रम करने वालो और बोझ से दबे लोगों, मेरे पास आओ मैं तुम्हें विश्राम (शांति) दूंगा। मती 11 : 28 बाईबल

- धन्य है वे जो नम्र है क्योंकि वे पृथ्वी के अधिकारी होंगे। मत्ती 5 : 5

- धन्य है वे जो दयावन्त है, क्योंकि उन पर दया की जायेगी।

- धन्य है वे जो मेल कराने वाले है, क्योंकि वे परमेश्वर को देखेंगे।

- मनुष्य को परमेश्वर ने जगत की ज्योति व नमक बताया है। मत्ती 5 : 13-14

- प्रार्थना सिखाई - "जिस प्रकार हमने अपने अपराधियों को क्षमा किया है, वैसे ही तू भी हमारे अपराधों को क्षमा कर।" मत्ती 6 : 12

- अपने देश, अपने लोगों व सताने वालों के लिये प्रार्थना कर।

– क्रोध न करना, कपट ना करना, हत्या ना करना, मेल-मिलाप करना।

– व्यभिचार - कुदृष्टि से देखना, मन में रखना, चाहे पराई स्त्री हो।

– झूठी शपथ नहीं खाना, शत्रुओं से प्रेम रखना, प्रार्थना व उपवास रखना।

– बदला या बदले की भावना नहीं रखना। दोष नहीं लगाना।

– किसी को तुच्छ नही जानना, सेवा कार्य व प्रत्येक से प्रेम रखना।

– यदि कोई तुम्हारे एक गाल पर थप्पड़ मारे, तो दूसरा गाल भी उसके सामने फेर देना।

– जब यीशु को रोम साम्राज्य द्वारा क्रूस (सूली) पर लटकाया गया। तब भी यीशु ने अपने सताने वालों के लिये प्रार्थना की - हे पिता ये नही जानते, ये क्या कर रहे है, इन्हें क्षमा करना।

– यीशु ने अपने कामों, चमत्कारों के द्वारा लोगों की सेवा की व शिक्षा दी, भविष्यवाणियाँ की, नफरत-भेदभाव को कोई जगह नही दी।

– झूठे कपटियों से सावधान रहने को कहा।

– विश्वास रखो, जागते रहो, अन्त (कयामत) का समय कब आ जाये। सबके लिये प्रार्थना करो। किसी भी परीक्षा में नही पड़ना।

– अनन्त जीवन की आस, विश्वास व धैर्य के साथ रखों।

– असमान जुएं में ना जुतो। एक दूसरे की सहायता करो।

– धर्म-अधर्म का क्या मेल-जोल? अपने परमेश्वर के लिये मन्दिर बनाओ।

– सत्य का प्रचार करो। मार्ग, सत्य और जीवन मैं (यीशु) ही हूँ का प्रचार करों।

- विश्वास, आशा और प्रेम। ये तीनों स्थायी है, पर इनमें सबसे बड़ा प्रेम है।

- परमेश्वर ठठों में नही उड़ाया जाता, मनुष्य जो कुछ बोता है वही काटेगा।

- देखो मैं तुम्हारे लिये जगह तैयार करने जाता हूँ जहाँ ना रोना होगा ना दाँत पीसना होगा।

- मेरे पिता के घर में तुम्हारे लिये रहने के बहुत स्थान है।

- बाईबल में हमे बरकतें आत्मिक आशीषे मिलती है। मृत्यु से जीवन की ओर, नया जीवन, प्रेम, सत्य की ज्योति, आत्मिक शान्ति के हथियार मिलते है।

आइये हम कुरान का बाईबल से मूल्यांकन (एनालिसिस) करे।

प्रश्न- कि क्या कुरान जिसे अल्ला द्वारा उतारी गई धर्म पुस्तक कहा जाता है। क्या यह किताब शान्ति का सन्देश देती है?

- काफिर: कुरान में काफिर शब्द तीन सौ अड़सठ (368) बार आया।

- कुरान में काफिर उन लोगों को कहा गया है। जो अल्ला की कुरान पर ईमान नहीं रखते। वे सब (बे-ईमान वाले) काफिर हो चुके है।

2-5 ईमान नही रखने वालों को चाहे आप डराये या ना डराये, ईमान नहीं लायेंगे, उनको काफिर कहा गया।

2-6 यदि अल्ला ही उनके दिलों पर ताला लगा दे, और उनकी आँखों और कानों पर पर्दा लगा दे और उनके लिये सजा बड़ी है।

2-23 काफिरों के वास्ते अल्ला ने दोजख तैयार रखी है।

2-170 इन काफिरों की कैफियत उस जानवर के जैसी है।

2-190   अगर वे काफिर लोग खुद ही लड़ने का समान करने लगे, तो तुम भी उनको मारो। ऐसी काफिरों की ऐसी ही सजा है।

2-220   निकाह मत करो काफिर औरतों के साथ, जब तक कि वे मुसलमान न बन जाये, औरतों को काफिर मर्दों के निकाह में मत दो जब तक कि वे मुसलमान न हो जाये।

2-249   हमारे कदम जमाये रखिये और हमको इस काफिर कौम पर गालिब कीजिये। 4-140

3-31   अल्ला काफिरों से मोहब्बत नहीं करते।

3-130   उस आग से बचो जो काफिरों के लिये तैयार की गई है।

4-88   जैसे वे काफिर है तुम भी काफिर बन जाओ, जिसमें तुम और वे सब एक तरह के हो जाओ, सो उनमें से किसी को भी दोस्त मत बनाना, जब तक वे अल्लाह की राह में हिजरत न करें।

5-53   अल्ला मुसलमानों पर मेहरबान होंगे और काफिरों पर तेज होगी।

5-72   अल्ला तआला तीन में एक है वे काफिर जो कहते है।

5-84   हमारी आयतों को झूठा कहते रहे, वे लोग दोजख वाले है।

5-102   अकसर काफिर उनमें के अकल नहीं रखते।

6-6   काफिर अल्ला की किताब को कि ये कुछ भी नही, मगर खुला जादू है। 74-23

6-24   अल्ला की आयतों को यू कहते है कि यहां कुछ भी नही, सिर्फ बे सनद बाते है।

8-11   मैं अभी काफिरों के दिलों पर रौब डाले देता हूँ, सो तुम काफिरों की गर्दन पर मारो।

17-61   62, 63 काफिर लोगों की औलाद को अपने बस में करूँगा। इनकी सजा जन्नम, जिस-जिस पर तेरा काबू, बस चले, अपनी चीख पुकार से कदम उखाड़ देना। उन पर सवार होकर, उनके (औरते) माल औलाद से साझा कर लेना।

18-50   मैंने उनको न तो आसमान और जमीन के पैदा करने के वक्त बुलाया और ना खुद उनके पैदा करने के वक्त बुलाया और मैं ऐसा अजीज ना था कि गुनाह करने वालों को बाजू बनाता?

प्रश्न   अल्ला ने काफिरों को पैदा ही क्यों किया?

कुरान में अलग कौम बनाना?

2-128   जमायत के अन्दर से एक ऐसे पैगम्बर को पैदा कीजिये, जो अकल व समझ की तालीम रखता हो, आपकी आयते पढ़-पढ़कर सुनाया करे।

प्रश्न-   मोहम्मद सा0 तो अनपढ़ थे। यह आयत 2-128 तो कहती है ऐसा पैगम्बर जो पढ़ा लिखा हो, आयते पढ़ लिखकर सुनाया करे। फिर कौन था?

2-127   हमारी औलाद में से भी एक ऐसी जामायत (कौम) पैदा कीजिये।

2-142   हमने तुमको एक ऐसी जमाअत बना दी है जो गैर के मुकाबले दरमियानी राह पर है।

3-109   तुम लोग अच्छी जमायत हो, यह जमाअत के लोगों के लिये जाहिर की गई, तुम लोग नेक-कामों को बतलाते हो और बुरी बातों को रोकते हो अल्ला-तआला पर ईमान लाते हो।

दीन-ईमान रखने वाले (मुसलमानों) को अल्लाह का ईनाम

- दीन ईमान रखने वाले मुसलमान भाईयों के लिये अल्ला की तरफ से कुरान में बहुत तोहफे, नियामतें (बरकतें नहरें, तकिये, लड़कियाँ, औरतें, दास-दासियाँ नियामतें (बरकतें) दी गई है। बाग, नहरें, तख्त, पलंग, लड़कियाँ, औरतें, नौ उम्र की लड़कियाँ, सोने के कंगन, मोती, एय्याशी का सामान, नफरत, जिहाद, लड़ाई-झगड़े, कत्ल, हलाल, गुलाम व डराना, लालच, मेवे, खजूर, बारीक, महीन व मोटा रेशम के लिबास, औरतों को खेत, माल, जान, हलाल कहा गया है जैसे चाहो होकर आओ-जाओ, जी भरके इस्तेमाल करो।

- दुनिय्यावी जिन्दगी में - दुनिया में जीते-जी जब तक दीन-ईमान वाले मुसलमान रहते है, उनको कुरान की आयतों से क्या-क्या दिया गया है, आप ही खुद देखे व पढ़े, समझे। 2-222, 2-229, 3-14, 3-167, 4-2, 4-5, 4-22, 4-23, 4-28, 4-33, 4-56, 9-110, 17-5, 17-61, 24-25, 33-5, 33-31, 33-36, 33-49, 33-50, 33-54, 36-51, 38-34, 60-9, 64-13, 66-4, 70 पेज 569 ए-3

- मौत के बाद में - मरने के बाद मुसलमानों को जन्नत में दी जाने वाली नियामते, तोहफे, बरकतों, ऐश का

सामान (ईनाम) 2-23, 18-29, 31-7, 36-55, 37-47, 38-51, 43-70, 44-52, 44-53, 48-4, 52-6, 52-18, 52-19, 56-16, 56-20, 56-35, 56-36, 57-11, 57-12, 61-11, 61-12, 76-4, 76-6, 76-20

— कुरान को कैसे मान लिया जाये, कि ये अल्ला ने ऊपर से उतारी गई किताब है, ये शान्ति का सन्देश देती है? कही बाईबल से नकल करके बदल दिया गया जैसा कुरान कहती है। 25-3, 25-4

— उस जमाने में ही लोग इस पर शक-शूबा करते थे। शक-शूबा कही पर जादू है, का लिखा हुआ स्वयं देखे ज्यादा अच्छा होगा। 74-14, 15, 18, 19

— कुरान की आयतों में विरोधाभास क्यों? कहीं पर मरयम के लिये एक फरिश्ता आता है, दूसरी जगह एक से अधिक फरिश्ते - ऐसा क्यों? 3-43, 19-15

— कुरान में शराब को नाजायज भी कहते है और मरने के बाद जायज, जन्नत में सफेद शराब, शराब की नहरें, नौ उम्र की लड़कियाँ व लड़के शराब पिलायेंगे।

— कुरान - सूरज काले पानी में डूबता है।

— कुरान में गोरी-गोरी, बड़ी-बड़ी आँखों वालों से निकाह व जन्नत में होगी। 52-18, 19

— कुरान में मुजरिम काले रंग व नीली आँखों से पहचाने जायेंगे? 55-40

— कुरान में औरतों को कैसे पेश किया गया, कहीं पर खेत, कहीं पर माल, हलाल करना, जैसे चाहो आओ? 2-2, 4-4 रखा? 4-5, 8, 22, 23, 28, 33, 9-110

— बीबियों की जगह दूसरी बीबियाँ कर लो, यदि उनका हुस्न अच्छा लग रहा हैं? 33-51, 54

- कही पर मोहम्मद को झूठा, शैखीबाज कहा गया? कुरान खुद ही घड़ ली? 52-32, 54-24

- कुरान में पूरब-पश्चिम दिशा का ज्ञान है। उत्तर-दक्षिण का ज्ञान नही है? मैं कसम खाता हूँ पूरबों और पश्चिमो के मालिक की कि हम इस पर कादिर है। 70-39, 73-8

- कुरान में केवल तीन जातियाँ यहूद, नसारा (ईसाई) और फिक ए-साबिईन दी गई। अल्ला की नजर में दुनियाँ में तीन ही जातियाँ थी, मोहम्मद सा. के बाद में इस्लाम आया। 2-110, 112, 127, 128, 134, 142, 3-109

- क्या अल्ला को और जातियों का ज्ञान नहीं था?

- कुरान में नफरत, बदला लेना, डराना, गुलाम बनाना, लड़ाई-झगड़े, फसाद, मरना-मारना, कत्ल, लालच, शराब, औरतें। क्या यह किताब शान्ति का संदेश देती है?

बाईबल और कुरान में फर्क क्यों

- बाईबल के लगभग 600-700 सालों के बाद कुरान इस दुनिया में आई।
- बाईबल 1500 साल तक समय के साथ अलग अलग भक्तों व लोगो के द्वारा लिखी जाती रही। लेकिन कुरान 23 साल तक लिखी गई।
- बाईबल में कहीं भी कुरान का कोई जिक्र बयान नही किया गया।
- जबकि कुरआन में बाईबल को अल्ला की दूसरी किताब कहा गया। पहली किताब तौरात व दूसरी बाईबल कहा गया तथा कुरआन में बार बार आया कि तौरात व इंजील पर ईमान लाओ।
- बाईबल के शुरु के पाँच अध्याय उर्दू नाम आदम, हव्वा, ईब्राहिम, लूत, नूह इसहाक, ईशमाईल याकूब, युसूफ, मूसा, हारून, दाउद तक के अध्याय उनको पहली किताब तौरात का नाम क्यों दिया गया।

जब एक बार खुदा या अल्ला ने इनको बाईबल में दे दिया तो फिर अलग से तौरात किताब क्यों अल्ला ने बनाई या नकल करने वाले ने या लिखने वाले ने।

बाईबल दो भागों में बांटी गई है ईसा पूर्व (बी.सी) और ईसा बाद (ए.डी)। पुरानी नियम व नया नियम ईसा मसीह के आगमन पश्चात् दुनिया के समय का पैमाना मापा गया। जिसको ईस्वी के रूप में दिया गया।

बाईबल में पृथ्वी की उत्पत्ति से लेकर कियामत तक बहुत विस्तार से गहराई से बयान दिया गया है।

- कुरआन में बाईबल से नकल करके जैसा कुरआन कहती है हर आठ दस पन्नो के बाद बार बार दोहराया गया व एक एक दो दो लाईन में जिक्र किया गया। यहाँ सिस्टेमेटिक नजर नही आता है।

- पूरी कुरआन बाईबल के पुराने नियम (पहला भाग) के कुछ भाग मूसा की व्यवस्था जिसे कुरान में शरीयत के नाम से बताया गया। जो ईसा मसीह पूर्व पर है। ईसा के जन्म तथा कियामत का कुछ भाग को कुरआन में लिया गया है। जो बाईबल का नया नियम अर्थात दूसरा व अन्तिम भाग है। केवल शब्दों को बदलकर नये नाम परिभाषित किया गया।

इंजील (बाईबल) में मूसा को दस हुकुम की तखतियाँ दी जिसमें तू खून न करना, किसी की स्त्री, दास-दासी, धन-दौलत, किसी की वस्तु का लालच न करना, बदला, नफरत, व्याभिचार, बुत परस्ती न करना, सबसे दया, प्रेम करना।

- लेकिन कुरआन में इन हुक्मों को नही लिया गया। नही लेने के पीछे क्या कारण थे। यदि ये हुकम भी ले लिये जाते तो निश्चय ही कुरआन की थ्यौरी तस्वीर बिल्कुल बदल जाती।

- यहाँ इंजील (बाईबल) को बदला गया या कुरान को बदला गया।

- कुरआन और बाईबल में इतना फर्क क्यों

- कुरआन में कहीं नही आया कि इन्जील बदल दी गई।

- बाईबल कहती है आदि में वचन था, वचन परमेश्वर के साथ था, वचन देहधारी हुआ।
- कुरआन भी कहती है कलाम दुनिया में था, कलाम ही खुदा था, कलाम इन्सानी शक्ल लेकर आया, ईसा मसीह, कुरआन की यह आयत 3-44, 45 को देखे।
- यहाँ क्रियेशन व क्रियेटर कौन है? आप सोचे।
- यदि मुस्लिम ये कहे कि कलाम खुदा का नही तो गलत ठहर जायेंगे और कुरआन गलत साबित हो जावेगी। यदि ये कहे ना क्रियेटर, ना क्रियेशन, ना ही खुदा है तो भी वे (मुसलमान) खुदा के साथ नही?
- कुरआन में शकशूबा, मनघडंत, झूठ पर 30-40 आयतें कुरआन किताब में लिखी हुई है।
- कुरआन में पन्द्रह बार अलग अलग लोगो पर उतारी गई या मोहम्मद पर? शक पैदा करती है।
- तौरात के 1400 साल बाद इंजील (बाईबल) आई। फिर 600-700 लगभग साल बाद कुरआन आई। ईस्लाम भी कहता है।
- अल्ला तौरात (पहली किताब) के 1400 साल बाद तक सोचने के बाद, इन्जील को ईजाद किया, ऐसा क्यों? अल्ला जब हर बात से वाकिफ है और अपने में पूरा सम्पूर्ण है फिर अलग अलग करके तीन किताबें उतारने की जरूरत क्यों पड गयी?
- अल्ला पहले 1400 साल तक सोचता रहा, फिर बाईबल उतारी। फिर 600 से 700 साल तक सोचता रहा फिर जाकर कुरआन उतारी।
- कुरआन को ही अल्ला ने आखरी किताब क्यों कहा?

- कुरआन में 30-35 आयतें बार बार कहती है कि यह मनघडंत झूठ, शकशूबा, बे-सनद बातें, लोगो का इन्कार कुरआन को लेकर क्या कहा गया?

- कुरआन को कुरआन में ही सहारा देने के लिए सौ से ऊपर ऐसे शब्द है। आप फरमा दीजिये, कह दीजिये, उनसे कहिये, आप कह दीजिए, आप कहिये, हमने, हमारे, ऐसे ट्रमोलॉजी शब्दो का इस्तेमाल किया गया है जो कन्फ्यूजन पैदा करते हैं यहाँ क्या अल्ला कहता है या मोहम्मद या आम लोग या लिखने वाला या नकल करने वाला। किसको सच माने? 9-93 भी देखे।

- कुरआन में मोहम्मद को शेखीबाज, झूठा, कुरआन को घड़ने वाला कहा गया है। ऐसा क्यों?

- कुरआन के हिसाब से मोहम्मद लोगो से प्रमाण पत्र क्यों मांगते है? कि आप कहिये मैं मोहम्मद अल्ला का पैगम्बर हूँ।

- ईसा मसीह (यीशु) की तरह मोहम्मद को चमत्कार करने की ताकत क्यो नही दी? मोहम्मद के द्वारा केवल कुरान ही क्यों?

- कुरआन में ईसा की दो माँ कैसे बताई गई? एक मूसा हारून की बहन मरयम, दूसरी रोम यूनान साम्राज्य में जकरिया की सरपरस्त मरयम को बताया गया। दोनों मरयम के बीच 1400 साल का अन्तर है।

- यदि ईसा का जन्म मूसा हारून के समय में होता तो इस्राएलियों को मिस्त्र देश से निकालने के किये मूसा को क्यों चुना? जब ईसा पैदा हो चुके थे तो दुनिया मे समय का पैमाना भी बदल जाना चाहिए था, लेकिन नही हुआ ऐसा क्यो?

- यीशु का जन्म रोम यूनान साम्राज्य के समय में इस्त्राईल बैतलहेम में हुआ। तब ही से पूरी दुनिया में समय का पैमान ईसा पूर्व व ईसा बाद (ईस्वी) शुरू हुआ जो कि आज तक कायम हैं। यहाँ अल्ला से / मोहम्मद या लिखने वाले से गलती हुई है। सोचने का विषय है।

- बाईबल में मूसा को दस हुकुम की तखतियाँ दी गई? मूसा के समय में खुदा की रूह ने पांच किताबे (व्यवस्था) रूहानी लोगो से लिखवाई गई, जिनको तौरत का नाम दिया गया।

- कुरआन में 197 बार आया हमनें, हम, हमारे (यहाँ हमने शब्द अल्ला को माने या मोहम्मद सा को माने या आम लोगों को माने) सात बार हमारें शब्द आया। 21-34, 25-20 यहाँ अल्ला है या मोहम्मद सा0 या आम लोग। कौन है?

- कुरआन में कत्ल शब्द 81 बार आया है काफिर 368 बाद आया।

- कुरआन में ईसा का नाम 25 बार व मोहम्मद 4 बार, मूसा का नाम 136 बार आया।

- कुरआन में पूरब-पश्चिम का जिक्र बार बार आया लेकिन उत्तर दक्षिण का जिक्र एक बार भी नही आया। क्या अल्ला को उत्तर दक्षिण दिशा का ज्ञान नही था?

- कुरआन में सूरज चलता है और काले पानी में डूबता है। साईन्स कहती है सूरज अपनी जगह स्थिर है फिर किसको सच माने? यहाँ अल्ला से गलती हो गई या मोहम्मद से या नकल करने वाले से या लिखने वाले से?

- कुरआन में काले रंग के और नीली आंखों वाले मुजरिम है?

प्रश्न - दुनिया में काले रंग के व नीली आंखों वाले करोड़ो इन्सान है।

- कुरआन में बड़ी बड़ी आंखो वाली, गोरी गोरी वालो का जन्नत में निकाह करायेगे।

- छोटी छोटी आंखों वाली व काले रंग की लडकियाँ कहाँ जायेगी?

- कुरआन में औरतो को खेत, जान, माल, हलाल कहा गया है। इस किताब को पढ़ें।

- यदि औरत के साथ मर्द द्वारा रेप (जबरदस्ती) गुनाह होता है तो कुरआन के अनुसार 4 गवाह उस हालात को ध्यान में रखते हुए औरत कहाँ से गवाह लाकर साबित करेगी? कि इसने मेरे साथ रेप किया है।

- मोहम्मद आम लोगो का सहारा क्यों लेते है? बार बार?

- कुरआन समझने के लिए हदीसो का सहारा क्यों लिया गया?

- कुरआन में अल्ला ने ईसा को रूहल कुदूस से ताईद (मतलब मुख्तार, सहायक, पार्टनर क्यों बनाया? मोहम्मद को क्यों नही?)

- कुरान में ईसा (यीशु) मरे नही, ना ही सूली दी गई। उनको जिन्दा उठा लिया गया।

- कुरान यह भी कहती है कि ईसा मसीह जिन्दा करके उठाया गया और आखिरत में आयेगे।

- कुरआन में ईसा को वफात वापस जिन्दा होना, मरकर जी उठना, मौत पर फतह पाना।

- कुरआन में कही पर कहना कि ईसा को जिन्दा उठा लिया गया कहीं पर आया कि मरकर जी उठा और ऊपर उठा लिया गया। किसको सच माने? यहाँ कौन झूठ बोल रहा है?

- कुरआन में झूठ बोलना भी सिखाया गया है। देखे 19-25।

- कुरआन में काफिरो को खुले तौर पर दोस्त ना बनाये। मन की बात छुपाकर रखे। क्या ये धोखा देना है या नहीं? क्या धोखा देना इस किताब द्वारा सिखाया जाता है?

- कुरान की ये आयत 54-39 हमने कुरआन को नसीहत हासिल करने के लिए आसान कर दिया। यहाँ कुरान बदली गई या नही? किसने कुरआन को आसान कर दिया?

- अल्ला औरतो की खरीद फरोख्त भी करते है। देखे 9-110

- कुरआन में आदम, अब्राहिम से दाउद तक अनेको को नबी कहा गया। ये सब इस्त्राएली व यहूदी थे। कुरआन में यहूदी ईसाई, सर्बियन बे-ईमान वाले को काफिर कहा गया कियामत तक के लिए दुश्मनी करके डाल दी गई?

- कुरआन में यहूदी ईसाईयों को बे अकल वाला ओर कहीं पर अक्लमन्द आलिम भी कहा गया। ये कैसी गफलत है?

- कहीं पर नबी, कही पर काफिर

- मेरी नजर में आखिर में सोचने पर मैं कैसे कहूं कि ये किताब अल्ला की है?

– तलाक देने के बाद हलाल ना रहेगी औरत दूसरे से निकाह करे फिर तलाक के बाद पहले वाले आदमी (जिससे औरत का तलाक हुआ) से निकाह कर ले। जायज है? 2-229।

कुरान को अरबी भाषा में पढने को ही क्यों कहा गया?

कुरान में मोहम्मद सा0 को ही आखरी नबी क्यों कहा गया?

कुरान में ही कुरान को बदला नहीं जा सकता ऐसा क्यों?

यदि कुरान पर शक है तो अहले किताब इन्जील पढने वालों से पूछो।

कुरान में एक आदमी चार चार औरतो से निकाह करने को जायज ठहराया गया ऐसा क्यों?

जबकि बाईबल (इन्जील) में खुदा ने एक आदमी आदम के लिए एक ही औरत हव्वा ही जीवनसाथी (पत्नी) बनाई थी। अब्राहम (इब्राहिम) को भी खुदा ने एक पत्नी सारा दी थी। इब्राहिम ने कभी खुदा का हुक्म नही तोड़ा। ईसाई और मुस्लिम इब्राहिम को नबी तुल्य मानते है। लेकिन मोहम्मद साहब जिन्होनें छोटी उम्र की लड़की से लेकर बड़ी उम्र तक की औरतों के साथ निकाह किया। यहाँ तक कि मोहम्मद साहब से अपने बेटे जैद की बीवी (अर्थात अपनी बहु) जैनथ तक से भी निकाह कर लिया। ये ठीक हैं या नहीं?

अब आप खुद ही सोचे ये अल्ला की नजर में नबी हैं, तो खुदा भेद करता हैं।

डराकर या कियामत का डर दिखाकर अल्ला की पैरवी, दुआ, नमाज, रोजे, कुरान नही पढ़ना तो जन्नत नहीं जा पाओगे बार बार डराना ऐसा क्यों?

इंजील प्यार, प्रेम, दया, आशा तथा परमेश्वर द्वारा अपने बेटे और बेटियों का हक देना, लालच खून ना करना आदि का सन्देश देती है।

कुरान कहती है कि यीशु को जिन्दा उठा लिया गया (4-157) यीशु मरे नही सूली पर नही चढाया गया ना ही उनका कत्ल हुआ।

जबकि इंजील बाईबल में यीशु हमारे पापो के लिए सूली पर टांगा गया मारा गया और तीसरे दिन मौत पर फतह पाई। कुरान भी कहती है और इंकार भी करती है?

बाईबल का इतिहास मिलता है, जगह-जगह मिलता है। आज भी इतिहास जिन्दा है, अनेको सबूत मिलते है। जो बाईबल की तरफ जाते हैं, जो हमें सच की और ले जाते है।

कुरान के लिए दुनिया में कहीं भी कोई सबूत नही मिलता ऐसा क्यों?

निष्कर्ष या निचोड़

यदि कुछ समझ में नही आये तो मेहरबानी करके इस दी गई किताब का पार्ट-एक को मय कुरान में दी गई आयतों के साथ पढ़े। हदीसों को इसमें शरीक ना करें, उसके बाद ही अपने विचार रखे तो ज्यादा अच्छा होगा।

- 3-38, 3-44, 45 कुरान में यीशु को कल्मीतुल्ला (कलिमे), रूह-अल्ला व मसीह ईसा आबरू वाले दुनिया में आखिरत में मुकरबीन होंगे।

- कुरान सत्ररह (17) बार अलग-अलग लोगों पर कैसे उतारी गई? जबकि कहा जाता है कि कुरान पैगम्बर मोहम्मद पर उतारी गई। कही शबे कद्र, कही रखब्बुल आलमीन, कही खास बन्दे पर, कही उस जात की तरफ से, कही रहमान-रहीम, कही हम वायदा करते, कही एक फरिश्ता लायाँ आदि।

- कुरान कहती है कि यीशु (ईसा मसीह) की मौत नहीं हुई। उन्हें उठा लिया गया। फिर यीशु को कैसी वफात (मरकर जी उठना) दी गई? 2-233 में भी वफात का मतलब मिल जायेगा। 3-51, 3-54, 19-14, 19-32 में जिस दिन पैदा हुआ और जिस दिन इन्तकाल करूंगा, और जिस दिन कियामत में जिन्दा करके उठाया जाऊंगा। आप समझ सकते है। लेकिन 4-156, 157 इसके उलट बोलती है। यीशु मरा नही उठा लिया गया। ये कैसा विरोधाभास है?

- अधिकतर मुस्लिम द्वारा कहा जाता है कि इंजील (बाईबल) बदल दी गई। कृपया पार्ट-एक को पढ़ने के बाद आप ही इसका नतीजा दे तो ज्यादा अच्छा होगा।
- क्यों बार-बार कुरान में आया कि कुरान समझ में नहीं आये तो इंजील (बाईबल) को पढ़ो, तुम्हारा हिसाब इंजील के द्वारा होगा। 2-141, 142, 145, 3-118, 7-156, 10-36, 93,94, 22-50, 25-3, 28-47, 48, 62-4
- कुरान में मोहम्मद सा. आम लोगों को सहारा क्यों लेते है? मूसा को किताब (तौरात) दी गई या तख्तियाँ? ना मौहम्मद सा. को अल्ला ने पैगम्बर बनाया, ना आम लोगों ने? 7-157
- अल्ला को तीन किताबें तौरात, इंजील व कुरान, अलग-अलग उतारने की जरूरत क्यों पड़ गयी? क्या अल्ला सोच-सोच कर किताबें उतारता रहा? या ऐसी क्या गलती हो गई? जिसके कारण दो हजार छः सौ साल तक ऐसा किया गया?
- बाईबल व यीशु के (600-700) साल बाद कुरान आयी।
- मोहम्मद सा. का जन्म व जमायत व इस्लाम का उदय जैसा कुरान कहती है, 2-127, 2-142, 3-109, 7-157
- कुरान को लिखने में (23) तेईस साल लग गये? क्या खुदा 23 साल तक सोच-सोच कर आयतें भेजता रहा?
- बाईबल के अनुसार मूसा को दस हुक्म की पट्टिका दी गई थी। जिसमें दस में से कुछ मूर्ति-पूजा न करना, किसी का खून-हत्या ना करना, व्याभिचार ना करना,

सबसे प्रेम रखना, किसी के घर, स्त्री, दास-दासी का लालच नहीं करना।

- लेकिन कुरान में मूसा को दिये गये इन हुकमों को उलट व बदल दिया गया? इनको कुरान में क्यों नहीं लिया गया। यदि ये खून-हत्या, व्यभिचार, किसी के घर, स्त्री, दास-दासी का लालच नहीं करना भी, ले लिये जाते, तो कुरान में ना कोई काफिर होता, न कत्ल, ना नफरत, ना गुलाम बनाना, ना डराना, ना कोई लालच की जगह होती। कुरान की थ्योरी (दिशा) बदल जाती।

- कुरान में यीशु का नाम (25) पच्चीस बार व मौहम्मद सा. का नाम चार (4) बार ही आया। ऐसा क्यों?

- 2-96, 139, 141, 3-19, 63, 4-77, 175, 5-3, 67, 6-90, 108, 7-157, 10-33, 34, 49, 68, 93, 11-12, 34, 18-23, 28, 28-48, 39-10 में आम लोगों का सहारा, प्रमाण-पत्र, यहाँ तक मौहम्मद भी ले रहे है। कहीं पर आप कह दीजिये, कहीं पर आप कहिये, कहीं पर कह दीजिये, कही पर आप फरमा दीजिये, पूछ लीजिये, हर बात आम लोगों पर क्यों डाल दी जाती थी? पैगम्बर आम लोगों की मैहरबानी पर क्यों डिपेन्ड था?

- कुरान में (30-40) बार क्यों आया कि ये नकल करके लिखी गई है। कही-कही पर तो मौहम्मद सा. ने घड़ लिया है जैसे शब्दों का इस्तेमाल किया गया?

- कुरान 25-3 में कहा गया कि यह तो कुछ भी नही निरा झूठ है। जिसको एक शख्स (यानि पैगम्बर) ने घड़ लिया और दूसरे लोगों ने घड़ने में मदद की।

- ईसाईयों को आलिम (अक्लमंद) भी कहा गया और बे-अकलमंद भी। बे-अकलमंद सुअर, बन्दर व गधे होते है। कुरान कहती है।

- कुरान मुसलमान को ईमान वाला व दूसरे जो ईमान नहीं लाते है, बे-ईमानवाले। वे सब काफिर है, अल्ला की राह में उनके लिये जिहाद, फसाद, कत्ल करो। निश्चय ही आपको जन्नतें मिलेगी। जन्नत में नौ उम्र की लड़कियाँ, हूरे, रेशम के लिबास में, ऐश की जन्नतें होगी।

- कुरान में औरतों को खेत, पैदावर, जान-माल, हलाल, हूरे शब्दों से नवाजा गया है।

- कुरान में यीशु (ईसा मसीह) की दो माँ बताई गई है। एक मूसा - हारून की बहन को माँ बताया गया, दूसरी मरियम को जक्करयाह नबी सरपरस्त की हजूरी में बताया गया। दोनों मरियम में 1400 सौ साल का अन्तर है। बाईबल के अनुसार। यीशु की पैदाईश के बाद ही दुनियां में समय का पैमाना ईसा पूर्व व ईसा बाद (ईस्वी) का चलन हुआ।

- शक-शूबा पर लिखे गये अध्याय की गहराई को भी पढ़े। पार्ट-एक

- कुरान में सूरज को चलता हुआ तथा काले पानी में डूबता हुआ बताया गया है, समुन्द्र का पानी काला बताया गया है।

- 52-18, 19 में अल्ला जन्नत में गोरी-गोरी, बड़ी-बड़ी आँखों वालों से निकाह करायेंगे।

- कुरान में मुजरिम काले रंग व नीली आंखों से पहचाने जायेंगे। 55-40

- कुरान में मरियम को एक जिबराइल फरिश्ता गर्भवती होने की खबर देता है। दूसरी जगह एक से अधिक फरिश्तें खबर देते है। किसको सच माने? ये कैसा विरोधाभास है?

- कुरान में यीशु को खुदा का बेटा कहा गया है। 3-51, 4-170, 5-71, 5-109, 19-18, 19-32

- 2-139 कुरान में इब्राहिम (अब्राहम) इशमाइल, इजहाक, याकूब, दाऊद (डेविड) व अन्य यहूदी थे या ईसाई? कुरान खुद भी समझ नहीं पा रही है। मौहम्मद सा. कह दीजिये, कि तुम ज्यादा वाकिफ हो या अल्ला तआला। कौन कह रहा है? कह दीजिये, कौन है?

- सच यह है कि बाईबल व यीशु के 600-700 साल बाद मौहम्मद सा. व जमायत (इस्लाम) का उदय हुआ? 2-127, 142, 3-109, 7-157

- कुरान में क्यों लिखा गया कि ये आदमी का कलाम है? 6-90, 11-34, 21-4

- 3-27 व 3-28 में क्या धोखा देने को कहा जा रहा है? काफिरों को खुले तौर पर दोस्त ना बनाये। यदि कोई अन्देशा हो। दिल की बात छिपाकर छुपाकर रखो ये धोखा देना है या नही? (आप खुद सोचे ज्यादा अच्छा होगा)

- क्या कुरान झूठ बोलना सिखाती है? 19-25 यहाँ मरियम से बोला जा रहा है। फिर उस फल को खाओ, पानी पियो और अपनी आँखें ठण्डी करो। फिर अगर तुम आदमियों में से किसी को भी एतिराज करता देखो तो कह देना कि मैंने अल्लाह के वास्ते रोजे की

मन्नत मांग रखी है, सो आज मैं किसी आदमी से नहीं बोलूंगी।

– कुरान में मरने के बाद भी बदला लेने को कहती है। 43-40

– कुरान में ईमान रखने वालों के लिये ऐश की जन्नतें दी गई है। 33-31, 36, 49, 50, 78-32, 56-34, 35, 36

– यहूदी-ईसाई, गैर जातियों (ईमान नहीं रखना) को काफिर कियामत तक के लिये दुश्मनी डाल दी गई है? 4-135, 4-166, 5-13, 5-50, 5-53

– अल्ला (खुदा) इल्म वाला है तो कोई भी बात अन्दाजा कह कर नही बोली जा सकती? जैसा 36-37 में आयत में सूरज अपने ठिकाने की तरफ चलता रहता है। यह अन्दाजा बांधा हुआ है। (सवाल - ये अन्दाजा कौन लगा रहा है?)

– ईसा मसीह को ही रूहल-कुदूस से ताईद किया गया (ताईद का मतलब - मुख्तार करना, वारिस बनाना, सहायक बनाना, पार्टनर बनाना)

– 19-29 अल्ला ने गोद के बच्चे (ईसा-यीशु) को बाईबल देकर नमाज पढ़ने को कहता है। यहूदी-ईसाई जिनका ईमान बाईबल पर है, नमाज कैसे पढ़ेगे? एक तरफ उनको काफिर, बे-अकलमंद कहा गया। जबकि बाईबल और कुरान में बहुत फर्क है।

– सवाल 1. बाईबल देकर नमाज पढ़ना व जकात देना?

– सवाल 2. कुरान में ईसा (यीशु) को कल्मीतुल्ला, रूह-अल्ला कहा गया है। यहाँ

इंजील दी गई, नमाज पढ़ने व जकात का हुक्म दिया। कैसे सच माना जाये?

कुरान में जीते-जी शराब को नाजायज कहा गया 5-90, दूसरी तरफ मरने के बाद शराब पीना जायज है 37-44, 45, 46, 47, जन्नत में सफेद शराब, सौंठ की शराब, शराब की नहरें, नौ उम्र की लड़कियाँ व लड़के पिलायेंगे।

कुरान को पढ़ने व समझने के बाद में इस नतीजे (निष्कर्ष) पर पहुँचा हूँ। यह शक के दायरे में रखती है? शक पर ईमान नहीं लाया जा सकता है। मेरा ईमान है कुरान आम आदमी की लिखी हुई किताब लगती है।

मेरी नजर में

1. क्या अल्ला से धर्म और इन्सानियत बनी है? या धर्म व इन्सानियत से अल्ला बना है?

2. कुरान हदीस की मोहताज है या हदीस, कुरान की मोहजात है? यदि ये अल्ला की किताब है तो दूसरी किताबों का सहारा क्यों लिया जाता है? अपने में पूर्ण होनी चाहिये।

3. अनन्त जीवन पाने के लिये मुझे बाईबल (इंजील) पर चलना चाहिये या कुरान पर?

4. कुरान में क्यों बार-बार आया है, कि कुरान समझ में नहीं आये तो बाईबल (इंजील) पढ़ें। 2-120, 2-141,142, 146, 7-156, 10-36, 10-93, 10-94, 25-3, 28-47, 48, 62-4

5. इस्लाम शान्ति का धर्म है - शक है? सच क्या है?

6. कुरान ऐसा क्यों कहती है कि अल्ला का कलाम खराब नही किया जा सकता? 6-114

7. क्या क्रिशचियन स्क्रेप्चर वर्ड ऑफ गॉड खुदा का कलाम है या नही? यदि ये कहे - नही, तो कुरान गलत है, इस्लाम गलत ठहर जायेगा।

8. यदि ये कहे कि ये सच्ची है, तो मुसलामानों को ईसाई बन जाना चाहिये। खुदा ने दुनियां कैसे बनाई - कलाम के वसीले से (क्रियेशन) कुरान कंहती है। यीशु (जीजस क्राईस्ट) खुदा का कलाम (क्रियेटर) है 3-44, 3-45,

कलिमे (कलमी तुल्ला) - खुदा का कलाम, रूह अल्ला - खुदा की रूह, मसीह ईसा - आखिरता में (ईस्सल मसीह - ईसा मसीह)

यदि मुसलमान इसे झूठ कहेंगे, तो कुरान गलत है। यदि वे इसे सही साबित करेंगे तो यीशु ही खुदा है।

9. कुरान में कही भी नहीं कहा गया कि तौरात व इंजील बदल दी गई? यदि ऐसा होता तो इंजील के 600-700 साल बाद अल्ला ने कुरान उतारी तो कुरान में क्यों नही लिखा गया?

10. कुरान में हजरत मोहम्मद सा. का नाम (4) चार बार आया जबकि ईसा मसीह (येशु) का नाम (25) पच्चीस बार आया। 136 बार मूसा का नाम, कत्ल- 81 (इक्यासी) बार, काफिर - 368 (तीन सौ अडसठ) बार।

11. हम सब (इन्सान) अल्ला (खुदा) के गुलाम है। अल्ला मालिक हैं। मालिक, गुलाम से प्यार नहीं कर सकता, ना गुलाम मालिक से। कुरान कहती है तुम मेरे गुलाम हो।

12. बाईबल में हमें बेटे-बेटियाँ अपनी सन्तान होने का हक दिया गया। यहून्ना-12 (बाईबल)

13. कुरान मोहम्मद सा. के बारे में क्या कहती है? ना खुदा कलाम, ना दुबारा आने वालो, ना ही उन्होंने कोई चमत्कार किये (सिवाय कुरान के)

14. कुरान की कुछ आयतों ने मेरा ध्यान खींचा जो यह है -

    –   जो अल्ला तआला पर ईमान नहीं रखते वे सब काफिर है। 2-6

    –   कुरान में हमें गुलाम बनाया गया। 2-137

    –   (बैतकल्लुफ) बिना किसी रूकावट के, तुम अल्ला की राह में लड़ों, उनका कत्ल करो। 2-189

- जो तुम पर ज्यादती करे तो तुम भी उन पर ज्यादती करो। 2-190
- जिहाद (धर्म युद्ध) करना तुम पर फर्ज किया गया है। 2-215
- कुरान पर ईमान रखने वाले दीन-ईमान की समझ रखते हैं। वे सही अकल वाले है? 2-267

प्रश्नः   क्या दूसरे बे-अक्ल वाले है?

- अल्ला से ऐसी क्या गलती हो गई जो एक-एक करके तीन किताबें (1) पहली - तौरात, (2) दूसरी इंजील (बाईबल) 1400 साल बाद, (3) तीसरी - कुरान - 600-700 साल बाद?
- खुदा को क्या दुनिया के लोगों को समझने में अल्ला को 1400 साल व 600 साल लगे?
- कुरान में केवल दो औरते (मरियम) जिन्हें येशू की माँ बताया गया है। क्या एक इंसान दो औरतो से पैदा हो सकता है?
- कुरान में औरतों को खेत, पैदावार, जान, माल, हलाल कहा गया? अपने खेत में जिस तरफ होकर चाहो आओ-जाओ।
- कुरान में अल्ला नहाती औरत मरयम के पास फरिश्तें या फरिश्तों (सवाल: एक को माने या अधिक फरिश्तों को माने) को भेजता है। क्या यही समय चुना गया? 19-15, 16, 17, 18, 19
- जो लोग कहते है ईसाई (क्रिश्चियन) है अहद (प्रतिज्ञा) ली गई। हमने उनमें आपस में कयामत तक के लिये दुश्मनी डाल दी? क्या अल्ला ऐसा करता है? 5-13

- (कुरान से डराना) यह एक किताब कुरान है जो आपके पास भेजी गई कि आप इसके जरिये से डराये? 7-1, 22-48

- क्या कुरान नकल करके लिखी गई? 25-4

- बाईबल को आसमानी किताब क्यों कहा गया? 2-112

- जो लोग जिहाद, काफिरों का कत्त्ल या अल्ला की राह में मारे जायेंगे उनको जन्नत में नौ उम्र की लड़कियाँ, औरतें, बाग, नहरें, बहती हुई खालिस शराब, तकिये लगाये पलंग, सोने के कंगन, रेशम के बारीक-मोटे कपड़े, गोरी-गोरी, बड़ी-बड़ी आँखों वाली लड़कियाँ, औरतें मिलेगी? जो पूरी कुरान में जगह-जगह आया है। 2-24, 2-220, 2-229, 2-233, 3-14, 4-18, 4-23, 18-30, 22-22, 28-26, 31-7, 33-31, 33-36, 33-48, 49-50, 51, 52-18, 19, 21, 22, 47-14

- क्या मोहम्मद सा. अपने मुँह बोले बेटे जेद की बीबी जैनथ से मोहम्मद सा. का निकाह करना जायज है या ना-जायज? 33-36, 33-49, 33-50, 51, 54

- एक तरफ कुरान में शराब पीना ना-जायज है 5-90, दूसरी तरफ शराब पीना जायज है। 37-44, 45, 46, 47

- कुरान छोटे बच्चों को जन्नत मिलेगी क्या? कुरान में उत्तर-दक्षिण का कही जिक्र नहीं आया? क्या उस जमाने में उत्तर-दक्षिण दिशा नहीं थी?

- कुरान में नौ लोगों का जिक्र आया है जिन पर कुरान नाजिल की गई? 2-40, 2-222, 2-145, 6-18, 6-154, 17-104, 24-1, 18-49, 26-191, 29-46, 50, 41-1, 44-2, 45-1 64-7

- कुरान में गौरी-गौरी, बड़ी-बड़ी आँखों वाली जन्नत में होगी? मुजरिम लोग तो काली व नीली आँखों से पहँचाने जायेगे? 55-40

- कुरान काले लोग व नीली आँखों वाले मुजरिम है। 55-40

- कुरान - तुम दुनियां में फसाद मचा दो, रिश्ते तोड़ दो। 47-21

- कुरान के हिसाब से ईमान वाले (मुसलमानों) को जीते-जी औरतें अनेक नियामते, तोहफे दिये जायेंगे?

- दुनियावी जिन्दगी में - 2-222, 2-229, 3-14, 3-167, 4-2, 4-5, 4-22, 4-23, 4-28, 4-33, 9-110, 17-5, 24-25, 33-5, 33-31, 33-36, 33-49, 33-50, 36-51, 60-9, 64-13, 66-4

- कुरान के हिसाब से मरने के बाद, जिन्दगी से रूखसत होने के बाद, ईमान वालों को औरतें व एय्याश का समान। 2-23, 10-110, 18-29, 31-7, 33-55, 37-47, 38-51, 43-70, 44-52, 44-53, 52-6, 52-18, 19-56, 56-20, 56-35, 78-32

- कुरान में पैगम्बरों पर अल्ला की विशेष मेहरबानी रही है? 66-4

- कुरान में सूरज काले रंग के पानी में डूबता है? 18-85, 14-33 सूरज और चांद भी चलने में ही

रहते है। 14-33, कि उसने रात और दिन सूरज और चाँद बनाये, हर एक एक दायरें में तैर रहे है, 121-32

कुरान 3-45, 3-47, 3-49 (मुसलमान सहमत है क्योंकि कुरान में दिया गया है, कुआंरी से पैदा हुआ, चमत्कार यीशु के द्वारा, यीशु मसीहा भी है)

असहमत - यीशु खुदा नही है, यीशु क्रस पर मारा नही गया, ना यीशु मरे हुए में से जी उठा?

कुरान में ईसा को खुदा की रूह, कलमीतुल्ला - खुदा का कलाम और ईस्सल मसीह को ईसा मसीह कहा गया है। 3-44, 3-45

कुरान में यीशु को खुदा का कलाम बताया गया है, बाईबल भी यही कहती है।

प्रश्न - दुनिया कैसे बनी?

उत्तर - दुनिया कलाम के वसीले से (क्रियेशन) बनी।

कुरान कहती है - यीशु खुदा का कलाम है (क्रियेटर) रचियता वर्ड ऑफ गॉड क्रियेटर बनाने वाला कौन? यीशु 3-44, 45

- यदि कलाम क्रियेशन है तो यीशु क्रियेटर है।
- यहाँ पर सब मुसलमानों को ईसाई बन जाना चाहिये। यदि मुसलमान ये कहे कलाम खुदा का नही तो फँस जाते है और कुरान गलत साबित हो जाती है। यदि ये कहे ना क्रियेटर ना क्रियेशन ना ही खुदा भी है? तो वे (मुसलमान) खुदा के साथ भी नहीं?
- कुरान पर शक में 40-50 आयते पूर्व में लिखी जा चुकी है। 25-4, 25-34, 16-100, 18-28

- कुरान पर शक हो तो जाओ बाईबल (इंजील) पढ़ो? 10-93, 10-94, 3-118, 5-45, 4-135, 4-166, (50-60 आयतें जो यहाँ नहीं लिखा जा सकेगा) (इसी पुस्तक के पिछले पन्नों में लिख दिया गया है।)

- कुरान में नफरत, बदला लेना, डराना, गुलाम बनाना, लड़ाई-झगड़े-फसाद, मरना-मारना, कत्ल, लालच औरतों का, लड़कियों, शराब को नाजायज 2-118, 5-90, लेकिन मरने के बाद जन्नत में शराब के जाम, लड़कियाँ 3-14, 2-2, 3-3, 4-2, 4-5, 4-22, 4-23, 4-28, 55-69, 55-71, 57-11, 12, 60-9, 11, 64-14, 55-71 व अनेकों है।

- नफरत - यहूदी - ईसाई - गैर जातियों को काफिर - कयामत तक के लिये दुश्मनी डाल दी गई है? 4-135, 4-166, 5-13, 5-50

- अल्ला फेल हो गया कुरान में - शैतान को पैदा करके फेल हो गया? 6-8

- कुरान - बाईबल की नकल करके लिखी गई। 25-3, 25-4

- कयामत पर यीशु का आना 43-60

- कुरआन में अजान लाउडस्पीकर से देना कही नहीं लिखा है। फिर लाउड-स्पीकर द्वारा अजान क्यों दी जाती है?

- पुराने जमाने में लाउड-स्पीकर नही थे। तब अजान कैसे दी जाती थी?

- मोहम्मद सा. के माँ-बाप कौन सा धर्म, पर ईमान रखते थे? क्या मोहम्मद सा. पहले से वे कौनसा धर्म मानते थे?

- कुरान के लिये हदीसे लिखने, कुरान को सहारा देने के क्यों लिखी गई?

- कही ऐसा तो नही कोई ईमारत झूठ की बुनियाद पर बनाई गई हो? उस पर कैसे ठहरा जा   सकता है?

- क्या इस्लाम शान्ति का धर्म है? कुरान पढ़ने के बाद शक होता है। कुरान में कही भी नजर नहीं आता है? कत्ल, डराना, बदला लेना, काफ़िर कहना बार-बार आया है।

- मोहम्मद सा. के 200 साल बाद ही हदीसे लिखनी शुरू की गई।

- कुरान में मुजरिम लोग, जिनके चेहरे काले होंगे और नीली आँखों वालो होगें? 55-40

- बड़ी-बड़ी आँखों वाली, गोरी-गोरी वालों से जन्नत में अल्ला निकाह करायेंगे?

प्रश्न-   छोटी-छोटी आँखों वाली व काली लड़कियाँ कहाँ जायेगी?

- यदि लड़की गोरे रंग की व नीली आँखें हो तो वह जन्नत में कैसे जायेगी? क्योंकि नीली आँखों वाले तो जन्नत में दाखिल नही हो सकते ! यदि लड़की बड़ी-बड़ी आँखों वाली हो लेकिन रंग काला हो तो जन्नत में कैसे जायेगी?

- यदि कोई लड़की भी ना हो और लड़का भी ना हो मतलब हिंजड़ा (किन्नर) हो तो क्या वो जन्नत में दाखिल होगा या नहीं?

- यदि दूधमुंहे बच्चे या छोटे बच्चें मर जाते है तो क्या वह जन्नत में जायेगें या नहीं?

- यदि कोई आदमी जन्नत में जाता है तो उसे 72 हूरे मिलती हैं तो अगर कोई औरत जन्नत में जाती है तो उसे भी 72 पुरूष मिलेगें क्या? इसके बारे में कुरान में कोई जिक्र नही किया गया है।

- पिशाब करने के बाद पत्थर से वजु करना, पौंछना सही है?

- टायलेट जाते समय अपना मुँह किस तरफ रखना चाहिये?

- पुराने जमाने में पानी की कमी होती थी तो टॉयलेट के बाद कैसे वजु (धोते) करते थे या कोई और तरीका पिछवाडा साफ करने का होता था?

पार्ट - 2

सवाल कुरान की आयतो पर

सूरहू अल-बकरूहू

2-3   जैसा कुरान में जगह-जगह आया है कि खुदा की तरफ से -

पहली किताब - तौरात उतारी गई है।

दूसरी किताब - इंजील (बाईबल) उतारी गई है।

तीसरी किताब - कुरान (मजीद) उतारी गई - जिसको आखरी अल्ला की किताब कहा गया।

प्रश्न 1   खुदा से ऐसी क्या गलती हो गई, जिसके कारण उसको एक नही,दो नही, तीन किताबें उतारनी पड़ी?

प्र. 2   खुदा से पहली किताब (तौरात) में क्या कमियाँ रह गयी थी?

प्र. 3   जो खुदा ने इंजील (बाईबल) को उतारा?

प्र. 4   बाईबल में ऐसी क्या कमियाँ रह गयी थी। जो 600-700 साल बाद तीसरी किताब कुरान को उतारा गया?

प्र. 5   खुदा को 600-700 साल तक सोचना पड़ा?

प्र. 6   यदि खुदा से गलती हुई तो वह खुदा नही है?

प्र. 7   यदि खुदा है तो दुनिया की पैदाईश प्रथ्वी की उत्पत्ति से अंत तक का बाईबल में ही क्यों आया?

प्र. 8   कुरान, बाईबल के कुछ हिस्सों को देखकर क्यों लिखी गई?

प्र. 9   बाईबल में हर बात को गहराई/विस्तार से बताया गया? जबकि पूरी कुरान में सिस्टेमिक कही सिस्टम नजर नही आता है? ऐसा क्यों? कुरान पढे लिखे लोगों के बीच में क्यों नहीं उतरी गई? बाईबल के 600 साल बाद? रोम, यूनान, मिस्त्र, चीन की सभ्यतायें बहुत डवलप थी? वहाँ कुरान क्यों नहीं उतारी?

काफिर उन लोगों को (यहूदी, ईसाई और दूसरी जातियाँ) जो अल्ला ताआला पर ईमान नहीं रखते - वे सब काफिर है? उन्हें खुदा की तरफ से सजा दी जायेगी।

2-6   अल्ला ताआला ने उनके दिलों पर, कानों पर व आँखों पर पर्दा डाल दिया है? यदि वे ईमान नहीं लाते।

प्र.   यदि वे कुरान के हिसाब से ईमान नहीं लाते तो क्या खुदा बदला लेने वाला ईश्वर है?

2-24   जो ईमान लाये कुरान के अनुसार उनके लिये जननतें है।

प्र.   कितनी जन्नते हैं? बहती नहरे हैं, बाग है और उन जन्नतों में बीबियाँ होगी, पाक-साफ की हुई। वे हमेशा वहाँ बसेंगे।

प्र.   आदमियों के लिये तो बीबियाँ, औरतों के लिये क्या-क्या है? क्या औरतों से बढ़कर भी कोई तोहफा है?

2-28   सात आसमान - कौन से है?

2-40   कुरान जो मैंने (नाजिल) उतारी है। ईमान लाओ।

2-49   कुरान में दरिया-ए-शोर (यानि नमकीन या काले पानी के दरिया को) दरिया को झील, नहर कहा जाये या समुद्र?

प्र.   यदि समुद्र कहा जाये तो समुद्र का पानी काला नहीं होता? लेकिन कुरान में समुन्द्र का पानी काला बताया गया है, जिसमें सूरज डूबता है? 18-35

प्र. क्या कुरान में पानी के रंग की पहचान नहीं है?

2-114   तुम जिधर भी मुँह करो, उधर ही अल्ला ताआला का रूख है।

प्र. लेकिन नमाज पढ़ते वक्त एक तरफ रूख क्यों किया जाता है? इसलिये की कुरान में लिखा है कि काबा की तरफ मुँह करे।

प्र. नमाज पढ़ते वक्त काबा की तरफ मुँह करे? 2-148

प्र. खुदा तो सब तरफ है फिर काबा की तरफ क्यों?

प्र. ईब्राहिम ने कभी काबा नहीं बनाई, वे पूरी जिन्दगी इजराइल में रहे, वे कभी भी मक्का नहीं गये? ये यहूदी या ईसाई थे? 2-139

प्र. क्या काला पत्थर माबूत क्या मुसलमानों के गुनाहों को माफ करता है? हज या उमरा करे कोई भी गुनाह नही? 2-157

प्र. अगर वो ये काला पत्थर हटा देते है, तो हज करने का मतलब ही नहीं?

प्र. हज करने नही जाते है तो जन्नत जाने का कोई और रास्ता है क्या?

प्र. कुरान से छः सौ - सात सौ साल पहले बाईबल आयी। जिसमें लिखा है कि बहुत से झूठे नबी खड़े होंगे। एक बाईबल जिसमें 8352 नबूतों वाले है।

प्र. कुरान ने बाईबल की नकल की है? क्यों?

प्र. आदम ने गुनाह किया, इस हिस्से को इस्लाम में नहीं माना गया या नहीं। क्यों?

प्र.   यीशु ने हमारे गुनाहों की कीमत खुद कुरबान होकर चुकाई, मारा गया, और फिर जिन्दा हो गया (मौत पे फतह पायी) कयामत पर फिर आने वाला है। कुरान भी कहती है।

प्र.   काबा में जाकर, काले पत्थर के चक्कर लगाना क्या ईबादत है?

प्र.   यदि काबा में काले पत्थर की पूजा सही है तो कबरों, मजार, मकबरों को पूजना, फूल, धागे चादर चढ़ाना, फातियां पढ़ना सही हो सकता है?

प्र.   कुरान 5-90 जिसमें बुत परस्ती को गुनाह माना गया है? 5-90

प्र.   कुरान के पास जन्नत ले जाने के बहुत नक्शे लगते है, चौड़े दरवाजे, रास्ते है।

प्र.   जबकि बाईबल में केवल एक रास्ता (पतला दरवाजा) बताया गया है।

प्र.   जिस वक्त हमने काबा शरीफ को लोगों की इबादत की जगह और अमन की जगह मुकर्रर किया 2-124 और मक्का में इब्राहीम (कभी-कभी) नमाज पढ़ने की जगह बना लिया करो।

प्र.   कुरान में कही नहीं आया कि काले पत्थर का माबूत बनाकर दुआ करो, चक्कर लगाओ और क्या-क्या...?

प्र.   2-124 में भी हमने आया है। इसे लोगों ने इबादत, हज की जगह बनाया है या कुरान में?

प्र.   इब्राहीम, इसमाईल, इसहाक और याकूब की औलाद (जो नबी गुजरे है, ये सब हजरात) यहूदी या ईसाई थे? 2-139

2-139   (ऐ मुहम्मद सललाल्लाहु अलैहि व सल्लम) कह दीजिये तुम ज्यादा वाकिफ हो या हक तआला,

और ऐसे शख्स से ज्यादा जालिम कौन होगा, जो ऐसी गवाही छुपाये, जो उसके पास अल्ला की जानिब से पहुँची हो।

प्र.   मुहम्मद सा. को कौन कह रहा है? कह दीजिये तुम ज्यादा वाकिफ हो या हक तआला? 2-139

2-137   कुरान में हमें गुलाम बनाया गया? हम उसी की गुलामी इख्तियार किये हुए हैं।

2-141   बेवकूफ लोग कहेंगे कि उन मुसलमानों को उनके किबला (पहली सिम्तवाले) से (कि बैतुल मकिदस था) जिस तरफ पहले मुतवज्जह हुआ करते थे किस बात ने बदल दिया?

2-142   हमने, तुमको एक ऐसी जमायत बना दी जो (हर पहलू से) दरमियानी राह पर है, ताकि तुम (मुखालिफ) लोगों के मुकाबले में गवाह हो? 2-127

प्र. हमने, कौन है? ये अलग कौम क्यों बनाई गई?

2-153   जो अल्लाह की राह में कत्ल किये जाते है यू मत कहो मुर्दे है, वे तो जिन्दा है।

(बैतकल्लुफ) बिना किसी रूकावट के, तुम अल्लाह की राह में लड़ों उनको कत्ल करों। 2-189

2-167   हलाल पाक चीजों को खाओ।

प्रश्न   कुरान में औरतों को खेत, माल, पैदावार, हलाल भी कहा गया है।

2-172   यदि भूख से बहुत ही बेताब हो तो सूअर, मुर्दार का गोश्त खा सकता है, उस शख्स पर कोई गुनाह नहीं होता?

2-189   बे-तकल्लुफ तुम लड़ो अल्ला की राह में अहद को तोड़कर तुम्हारे साथ लडने लगे।

2-190   जो अहद (वायदा) तोड़े उनका कत्ल करो।

2-193   जो तुम पर ज्यादती करें तो तुम भी उन पर ज्यादती करो। जैसी उसने तुम पर ज्यादती की है। अल्ला से डरते रहो।

प्र. क्या खुदा बदला लेना सिखाता है। जबकि इंजील (बाईबल) में लिखा है यदि कोई तुम्हारे गाल पर थप्पड़ मारे तो दूसरा गाल भी उसके सामने फेर दो।

प्र. क्या अल्लाह इन्सान को डरा कर रखना चाहता है?

2-212   खुदा (अल्लाह) ने पैगम्बरों को भेजा जो खुशी भी सुनाते थे और डराते भी थे?

2-215   जिहाद (धर्म युद्ध) करना तुम पर फर्ज किया गया है? 9-4, 9-13

प्र. क्या धर्म (ईमान) के लिये जिहाद लड़ाई की जाये?

2-218   शराब और जुएं के बारे में पूछते है, इन दोनों में गुनाह भी और फायदे भी है? 5-90

2-220   काफिर औरतों/मर्दों के साथ निकाह (शादी) मत करो, जब तक वे मुसलमान नहीं हो जाते?

2-222   तुम्हारी बीबियाँ तुम्हारे लिये खेत (पैदावार) कहा गया है। सो अपने खेत में जिस तरफ होकर चाहो आओ।

प्र. क्या आगे पीछे, सब तरफ से आओ-जाओ?

2-229   तलाक देने के बाद हलाल ना रहेगी औरत दूसरे से निकाह करे फिर तलाक के बाद पहले आदमी से निकाह कर ले। जायज है?

प्र. यह कैसा नियम बनाया गया है?

प्र. यहाँ औरत आदमी के लिये हलाल का काम करती है? कुरान में कुरबानी देने से पहले जानवर को हलाल किया जाता है?

प्र. जो कुरान पर, दीन-ईमान पर नहीं चलते - क्या वे बे-अकल वाले है? ऐसा क्यों?

2-233   जो लोग तुममें वफात (मर-जाना) पा जाते है और बीबियां छोड़ जाते है, वे बीबियां अपने आपको निकाह से रोके रखे। चार महीने और दस दिन, फिर जब मियाद खतम हो जाये। निकाह की कारवाई करे तो कुछ गुनाह नहीं होगा।

प्र. ये कैसी पाबन्दी है? आदमी के लिये भी पाबन्दी क्यों नहीं है?

2-256   जो ईमान ले आये वे अल्ला के साथी है। उनको अन्धेरे से निकालकर रोशनी (नूर) की तरफ ले जाता है? जो ईमान नही लाये वे दोजख (नरक) में रहने वाले है?

2-268   जो कुरान पर अमल लाते है, दीन ईमान की समझ मिल जाये नसीयत कबूल करते है, वो सही अकल वाले है? प्रश्न पैदा करता है?

3 - सूरहू अलि - इमरान

3-2   आसमानी किताबे - तौरात, इंजील व कुरान (कुरान में जबूर (भजन संहिता) की किताब का भी जिक्र आया है)

प्र. खुदा से ऐसी क्या गलती हो गई कि बार-बार उसको तीन किताबें आसमान से उतारनी पड़ी। तीसरी किताब कुरान को आखरी किताब क्यों कहा गया। इसमें कोई तब्दीली (बदलाव) नहीं किया जा सकता। प्रश्न पैदा करता है?

प्र. यें तीनों किताबें सात आसमान में से कौन से आसमान से उतारी गई? जिक्र नहीं किया गया?

प्र. पहले कुरआन को किसी भी भाषा में तब्दील नही की जा सकती थी। लेकिन अब ऐसा नहीं?

3-11 कुफ्र (गुनाह) करने वालों को मुसलमान के हाथों मगलूब (हराया, दबाया) किये जायेंगे?

प्र. क्या मुसलमान बे-गुनाह के होंगे। जो गुनाहगारों को कत्ल/ हरायेंगे?

प्र. क्या कुरान में गुनाह की सजा मौत है? जबकि बाईबल में पश्चाताप, माफी से गुनाह माफ कर दिये जाते है?

प्र. जो अल्लाह की राह में लड़ते है, वे मुसलमान है। दूसरे काफिर, कत्ल करने व दोजख में जाने योग्य है?

3-14 अल्ला से डरने वालो को, ऐसे बाग, नीचे नहरे और ऐसी बीबीयां जो साफ सुथरी की हुई उनके लिये रिजा और खुशनदी अल्ला की तरफ से होगी। अल्ला अपने बन्दों को खूब देखते है?

प्र. ये कैसा लालच दिया गया है? जो मुसलमानों को दूसरी गैर जातियों से नफरत, लड़ना सिखाया जाता है?

3-27 मुसलमान काफिरों को दोस्त न बनाये।

प्र. खुदा ने इन्सानों के बीच ये कैसी दीवार खड़ी की है?

3-42 जबकि फरिश्तों ने कहा कि ऐ मरियम। बेशक अल्ला ने तुमको मुनत्खब फरमाया व पाक बनाया। 3-42, 3-43

प्र. एक नही अनेक फरिश्तों, जबकि 19-18 एक फरिश्ता? (एक फरिश्ता माने या अनेक?)

3-44   (कलिमे) कलमीतुल्ला - खुदा का कलाम, रूहअल्ला - खुदा की रूह व ईसा मसीह

3-47   अल्ला तआला उनको तालीम फरमायेंगे, किताबें और समझ की बाते (खास तौर पर) तौरात और इंजील

3-66   अब्राहम ना तो यहूदी ना ईसाई थे। वे इस्लाम वाले थे?

प्र. अब्राहम (इब्राहीम) बाईबल लिखने से पहले दुनिया में आ चुके थे। इस्लाम की बुनियाद तो मोहम्मद सा. को पैगम्बर बनाने के बाद हुई व जमायत पैदा की गई। 2-127, 2-142

प्र. बाईबल बाद में आयी है। लेकिन कुरान, बाईबल के 600-700 साल बाद आयी।

प्र. अब्राहम इस्लाम के मानने वाले कैसे बन गये?

3-84   जो शख्स (इन्सान) इस्लाम के सिवा किसी दूसरे दीन-ईमान को (तलब) जानेगा। वह उससे मकबूल (स्वीकार) नहीं होगा। वह तबाह (हलाक) के लायक होगा। वो काफिर जो गये।

प्र. गुलाम, डराना, नफरत, लालच, दोजख, कियामत, जन्नत। पैदा ही क्यों किया?

3-130   उस आग से डरो जो काफिरों के लिये तैयार की गई है?

3-151   जिस वक्त कि तुम उन काफिरों को हुकमें-खुदाबन्दी के कत्ल कर रहे थे

प्र. यह कैसी आयत है?

प्र. क्या खुदा तुम्हारें हाथों से लोगों का कत्ल करवाता है?

प्र. खुदा क्यों नहीं उनको कत्ल (हलाक) करता। तुमसे यह पाप/गुनाह क्यों करवाता है?

3-151   अल्लाह बडे फजल वाले है मुसलमानों पर?

3-156   अगर तुम अल्ला की राह में मारे जाओ, तो लाजमी तौर पर अल्ला के पास मगफिरत और रहमत उन चीजों से बेहतर है।

3-168   जो अल्लाह की राह में कत्ल किये जाते है। वे मुर्दे नही है? बल्कि वे जिन्दा है। उनको अपने परवर्दिगार के करीबी है।

प्र. 2-222 में औरतों को खेत, पैदावार कहा गया है। सो अपने खेत में जिस तरफ से होकर चाहो आओ।

प्र. 2-229 में औरतों को हलाल कहा गया। 2: 186

प्र. कुरान में कुरबानी देने से पहले जानवर को हलाल किया जाता है।

3-184   दुनियावी जिन्दगी तो कुछ भी नही धोखे का सौदा है?

प्र. खुदा ने हमको क्यों पैदा किया?

प्र. सिर्फ जन्नत और दोजख का रूप दिखाकर इन्सान को डर, नफरत सिखाई गई है? क्या दुनियां में इसी लिये भेजा गया?

3-194   जिन्होंने मेरी राह में जिहाद किया और शहीद हो गये जरूर उन लोगों की तमाम खताये माफ कर दूँगा।

प्र. अल्ला की राह में जिहाद करना, कत्ल करना, या काफिरों से लड़ते-लड़ते शहीद हो जाना। उनके गुनाह माफ करना। कैसा लालच है?

4 - सूरहू अस-निसा

4-2   यदि तुम यतीम लड़कियों के बारे में इन्साफ ना कर सको तो और औरतों से जो तुमको पसन्द हो निकाह कर लो।

2-2 औरतों से, 3-3 औरतों, 4-4 औरतों से? यदि इन्साफ ना कर सको तो एक ही बीबी पर बस करो।

4-5   तुम यतीमों - लड़कियों को आजमा लिया करो जब तक वह निकाह को पहुँच जाये। मालों को जरूरत से ज्यादा खर्च, उड़ाकर मत खा लो।

प्र. यतीमों को किस प्रकार आजमाया जायेगा, जिक्र नहीं किया गया है।

प्र. यहाँ औरतों को जान-माल (4-18) वी आयत में कहा गया है। उनको मुसलमान कौम में कैसे परोसा गया है?

4-18   मगर यह कि वे औरते कोई खुली ना मुनासिब और गलत हरकत करे। उन औरतों के साथ खूबी के साथ गुजरान किया करो।

4-23   और वे औरतें जो कि शौहर वालियां है मगर वो तुम्हारी मिल्क (मिल्कयत) में जाये। अल्ला ने तुम पर फर्ज कर दिया है। उन औरतों के अलावा और औरतें तुम्हारे लिये हलाल की गई है। यानि उन औरतों के अलावा और औरतें तुम्हारे लिये हलाल की गई है?

4-23   यानि तुम इनको मालों के जरिये चाहों, बीबी बनाओ, सिर्फ मस्ती ही निकालना न हो। फिर जिस तरीके से तुमने उन औरतों से फायदा उठाया, महर लागू होने पर, रजामन्द होने पर कोई गुनाह नहीं है?

प्र. शादी-शुदा औरतें यदि वे आपके नजदीक आती है या आप उनके नजदीक जाते है तो वो अल्ला की तरफ से आपकी कैसे हो जायेगी?

प्र.   अल्लाह का यह कैसा रहमो-करम आदमियों पर किया गया है?

प्र.   इन औरतों के अलावा और भी औरतें इस्तेमाल (हलाल) करना जायज है?

प्र.   औरतों को कुरान में खेत पैदावार, जान, माल, घूमो-फिरो भी कहा गया है हलाल करना भी? बीबी बनाओ, मस्ती के अलावा पूरा फायदा उठाओ? 2-220, 222, 229

प्र.   अल्लाह की नजर में औरत क्या है? प्रश्न पैदा कर दिया?

प्र.   यदि औरत सब तरीके से राजी है तो गुनाह भी नहीं?

4-28   ऐ ईमान वालों। आपस में एक दूसरे के माल नाहक तौर पर मत खाओ लेकिन कोई तिजारत हो तो आपसी रजामन्दी से हो तो हर्ज नहीं। तुम एक दूसरे का कत्ल भी मत करो।

प्र.   अल्ला पर ईमान (मुसलमान) रखने वालों एक दूसरे के माल (औरत) को खूब इस्तेमाल करो, जायज ठहराया गया है?

प्र.   क्या औरत को रोजगार - व्यापार का जरियाँ बनाया गया है? जो आज तक होता आ रहा है? क्या औरतों को नचाना, कोठों पर बिठाना, वेश्यावृत्ति करवाना, दड़बे (मुर्गी खाने की तरह) में रखना सब जायज समझा गया?

प्र.   ये काम करते हुए लड़ाई झगड़ा नहीं करना यहाँ तक की कत्ल भी?

4-33   बद-दिमागी औरतों को नसीयत दो, नहीं माने तो मारों, लेटने की जगह अकेला छोड़ दो।

प्र.   कुरान की इस आयत में औरत को बोलने का अधिकार नहीं दिया गया?

प्र. शिक्षा, नसीयत देने का अधिकार केवल आदमियों को दिया गया?

प्र. कहना नहीं माने तो मारो? क्या प्रेम, प्यार की भाषा में समझाया नहीं जा सकता?

प्र. सजा के तौर पर प्रेम, प्यार मत करो, अकेला छोड़ दो, क्या ठीक है?

4-44   अल्लाह तुम्हारे दुश्मनों को खूब जानते है और अल्लाह रफीक है।

प्र. अल्लाह तुम्हें बता रहे है कि तुम्हारे दुश्मन कौन है?

प्र. अल्लाह की नजर में इन्सान दुश्मन भी हो सकता है?

प्र. क्या अल्लाह दयालु मेहरबान है या डराने वाला, गुलाम, नफरत, लालच, सजा देने वाला है?

4-50   तुने उन लोगों को नहीं देखा। वे बुत और शैतान को मानते है और वे लोग काफिरों के बारे कहते है कि ये लोग उन मुसलमानों के मुकाबले में ज्यादा सही रास्ते पर है। ये लोग जिन्हें खुदा ने मतऊन (दुश्मन) बना दिया।

प्र. काफिर बे-ईमान वालों, मुसलमानों (ईमान वालों) से ज्यादा सही है? कैसे? यहाँ काफिरों को सही कहना?

प्र. इस आयत में अल्ला ने काफिरों को अच्छा क्यों कहा?

प्र. जबकि अल्लाह की नजर में काफिर तो दुश्मन है? फिर अच्छे कैसे हो गये?

4-56   ईमान वालों (मुसलमान) को ऐसे बागों में दाखिल होंगे, जिसमें पाक-साफ बीबियाँ होगी?

प्र. ईमान वालों के लिये तोहफा, लालच?

4-73   अल्लाह की राह में उन लोगों से लड़ों, जो दुनियावी जिन्दगी में पड़े हुए है।

प्र. अल्लाह ने आपको इसलिये पैदा किया है कि आप जाकर लड़ाई-झगड़े करे?

प्र. दुनियावी जिन्दगी में मेहनत करके, संघर्ष जिन्दगी को जिया जाता है। जहाँ अच्छा-बुरा, सच-झूठ भी होता है। कौन ऐसा ईमानदार जिसने अपनी जिन्दगी में गुनाह नही किये?

प्र. जब हम ही गुनाहगार (पापी) है तो कौन है जो अल्लाह की राह में लडेगा?

4-75   ईमानदारों अल्ला की राह में जिहाद करते? (शैतान के साथियों के साथ जिहाद करो)

प्र. बे-ईमान वालों से अल्ला क्यों नहीं लड़ता?

प्र. आपको (मुसलमानों) ईमान वालों को ही क्यों लड़ाई-झगड़े, कत्ल, नफरत, बदला लेने वास्ते चुना?

प्र. जिहाद के बदले नहरे-बाग, फल, शराब, हूर (औरतें) की परियों का लालच दिया गया? क्या आदमी के लिये यही सबसे बड़ा ईनाम कुरान में दिया गया है?

प्र. औरतों को क्या दिया गया? कुछ नही है? क्यों?

प्र. दुनिया के हिसाब-किताब (कानून) से अलग हटकर लड़ाई-झगड़ा, कत्ल करने पर आपको जेल में बन्द कर दिया जायेगा।

प्र. क्या अल्लाह आपको जेल में बचाने आयेगा?

4-88   जैसे वे काफिर है तुम भी काफिर बन जाओ, तुम वे सब एक तरह के हो जाओ, उनको दोस्त मत बनाना, यदि अल्लाह की राह में मुँह फेरे तो उनको पकड़ों और कत्ल करो।

प्र. काफिर कौन (जो अल्लाह पर ईमान नही लाते) है?

प्र. उनके साथ मत रहो, ना संगति, ना दोस्ती - ये नफरत का पाठ है या प्रेम सिखाता है?

प्र. अल्लाह की हजूरी में ऐसे लोग जो बे-ईमान है, उनको पकड़ों और कत्ल करो? ठीक है क्या?

प्र. मुसलमानों के अलावा तो दुनियाँ की सभी जातियाँ (कौमें) काफिर हुई। क्या सभी को कत्ल करेंगे?

4-92   जो शख्स जान-बूझकर किसी मुसलमान का कत्ल कर डाले तो उसकी सजा जहन्नुम है।

4-144   बेशक मुनाफिक लोग दोजख के सबसे नीचे के तबके में जायेंगे?

प्र. दोजख (नरक) कितनी है? कुरान में नहीं बताया गया?

प्र. सात आसमान की भी डिटेल नही दी गई?

4-145   जो ईमान वाले, मुसलमानों के साथ रहेंगे?

प्र. कुरान में अल्लाह की तरफ से ये कैसा बंटवारा है?

4-167   जो ईमान में इनकारी, नुकसान, रूकावट, उनको नही बख्शा जायेगा, ना ही उनको राह दिखाई जायेगी?

प्र. क्या अल्लाह इस तरह डराकर सबको मुसलमान बनाना चाहता है?

प्र. जो गैर-मुसलमान है उनको ईमान में व अल्लाह की हजूरी में ऐसे ही लाने की कोशिश है क्या?

प्र. अल्लाह ने गैर-मुसलमानों (अन्य जातियों) को कुरान जैसी अक्ल क्यों नही दी? क्यों पैदा किया? कैसा बदला लेगा? कैसी सजा देगा?

4-172   अल्लाह से दूर रहने वाले शर्म करने वालों को सख्त सजा दी जावेगी?

प्र. अल्लाह से दूर रहने पर क्या-क्या होगा, डर लगने लगा है?

प्र. डराना, गुलाम बनाना, नफरत देना - प्रश्न पैदा करता है?

5 - सूरहू अल माइदूह

5-13   जो लोग कहते है कि ईसाई (क्रिशिचयन) है अहद (प्रतिज्ञा) ली गई। हमने उनमें आपस में कयामत तक के लिये दुश्मनी डाल दी?

5-32   जो लोग अल्ला और उसके रसूल से लड़ते है और मुल्क में फसाद फैलाते फिरते है, उनकी यही सजा है, कि कत्ल किये जाये या सूली दी जाये या उनके हाथ-पाँव काट दिये जाये या उनको जमीन पर से निकाल दिये जाये।

प्र. कुरान में ईसाई जाति मुसलमान जाति से पहले की थी।

प्र. ईसाई लोग ईसा मसीह (जीजस क्राईस्ट) को मानते है। तो अल्लाह ने 600-700 साल के बाद कुरान लिखवा कर या नकल उतार कर इस्लाम (ईमान वाले) को पैदा करके उनके बीच की दीवार खड़ी करने की क्यों जरूरत पड़ गयी?

प्र. ऐसी क्या बात हो गई इस आयत में ईसाइयों और मुसलमानों के बीच कयामत तक के लिये दुश्मनी डाल दी?

प्र. क्या बाईबल को बदलकर (तब्दील) कुरान इसीलिये दी गई?

5-32   हमने ईसा (यीशु) को इस हालत में भेजा, कि वे पहले की किताब यानि तौरात (मूसा की व्यवस्था) की तस्दीक फरमाते है। हमने उनको इंजील (बाईबल) दी। जो तौरात को (तस्दीक) बयान करती है। (बाईबल में से ही तौरात बनाई गई)

प्र. कुरान में ईसा मसीह (यीशु) को इसलिये भेजा गया, कि पिछली बातों को सही फरमाते है। उसकी तस्दीक करते है।

प्र. हमने या हमनें में कितने जन है? या अल्ला ने भेजा?

प्र. इंजील (बाईबल) जो कुरान से हटकर आशा, प्रेम, दया, भाईचारा, नफरत से दूर, पापों की क्षमा और अनन्त जीवन देने का वचन (प्रतिज्ञा) देती है। जो कुरान से बिल्कुल अलग शिक्षा देती है।

प्र. ये बाईबल देने वाले कौन है?

5-50   ऐ ईमान वालों तुम यहूद (यहूदी) और ईसाईयों को दोस्त मत बनाना।

प्र. कुरान में अल्लाह ने यहूद, नसारू (ईसाई) व सर्बियन जातियों को पहले ही काफिर घोषित कर दिया तो दोस्त कैसे बन सकते है? क्या अल्ला को इन दो जातियों के अलावा भी (ज्ञान) इल्म था या नही, जिक्र क्यों नहीं किया?

प्र. ये दुश्मनी तो कयामत तक के लिये डाल दी गई है? जैसा कुरान में लिखा गया है।

प्र. गुनाह (पाप) होते हुए भी ईमानदार व बे-ईमान रखने वालों के बीच हमेशा रहेंगे?

5-53   अल्लाह पर ईमान वालों, मुसलमानों पर मेहरबान होंगे और काफिरों पर तेज होगी, जिहाद करते होंगे, अल्लाह की राह में?

प्र. कैसा भेद-भाव, अल्ला के द्वारा - जो मुसलमान होंगे उन पर मेहरबानी, गैर जातियाँ (काफिरों) पर कहर और मुसलमानों से कहा गया जिहाद करो - अल्ला की राह में?

5-72   वे लोग काफिर है जो अल्ला तीन में का एक है। एक (पैदा) माबूद के और कोई माबूद नही।

प्र. अल्लाह ने इंजील क्यों दी? पहले अल्ला ने इंजील में लिख दिया, फिर कहा एक खुदा के दूसरा कोई नही? ये क्या है? इंजील देने का मतलब बाईबल की सब बातों को अल्ला द्वारा मान्यता (स्वीकृति, अप्रुव्ल, रिकॉग्नाईजेशन करना।)

प्र. इंजील बाईबल में पिता, पुत्र और पवित्र आत्मा के बारे में क्यों बताती है?

प्र. कुरान में ईसा को खुदा की रूह, कलमितुल्ला - खुदा का कलाम और ईस्सल मसीह को ईसा मसीह क्यों माना गया? 3-44, 3-45

प्र. यीशु खुदा नहीं तो कौन है? एक मौलवी से प्रश्न किया गया? जो बाद में कुरान पर नही बाईबल पर ईमान लाया, नया नाम (मारिया जोजफ) है।

प्र. क्रिश्चियन इस्क्रपचर वर्ड ऑफ गॉड कुरान में यीशु को खुदा का कलाम बताया गया है, बाईबल भी यही कहती है।

प्र. कुरान से पहले तौरात और इंजील (बाईबल) उत्तारी। वे सही थी 3-3, कुरान में कही भी नही कहा गया कि तौरात व इंजील बदल दी गयी - 6-114, अल्ला का कलाम खराब नही किया जा सकता है?

प्र. दुनियां कैसे बनी? दुनिया कलाम के वसीले से (क्रियेशन), बाईबल झूठी है तो कुरान भी झूठी है। वर्ड ऑफ गॉड कुरान बार-बार कहता है, बाईबल खुदा का कलाम है अगर कलाम झूठा है, बाईबल झूठी तो भी इस्लाम झूठा व गलत ठहर जायेगा।

प्र. कुरान कहती है खुदा का कलाम (क्रियेशन) है तो क्रियेटर (रचनेवाला) यीशु मसीह हुआ, बनाने वाला कौन हुआ? यीशु (ईसा मसीह) 3-44, 3-45

प्र. यदि कलाम क्रियेशन है और यीशु खुदा का कलाम क्रियेटर बनाने वाला?

प्र. तब तो सब मुसलमानों को ईसाई (क्रिश्चियन) बन जाना चाहिये?

प्र. यदि वे कहते है कि खुदा का कलाम क्रियेशन है, कलाम से सारी चीजे बनाई है,तो वे फँस जायेंगे। यहाँ कुरान गलत साबित हो जायेंगी।

प्र. यदि वे ये कहे, ना क्रियेटर, ना क्रियेशन ना ही खुदा भी है? तो वे खुदा के साथ भी नहीं?

प्र. कुरान में लिखा है। खुदा बिन जुबान के बोल सकता है, बिन कानों के सुन सकता है, बिन आँखों के देख सकता है।

प्र. यीशु अभी जिन्दा है। यदि तुम्हें कुरान में किसी प्रकार का शक है। जाओ बाईबल इंजील पढ़ो। 2-120, 2-141, 2-142, 2-146, 5-47, 7-156, 10-36, 10-93, 10-94, 25-3, 25-14, 28-47, 28-48, 62-4, 62-7

प्र. कुरान अल्लाह की किताब ऐसा क्यों बोलती है कि यदि तुम्हें कुरान पर शक है तो बाईबल पढ़ो?

प्र. कुरान में अल्लाह, कुरान को नहीं समझने वाले को बाईबल पढ़ने को क्यों कहता है?

प्र. कुरान में ईसाईयों को आलिम (अक्लमंद) क्यों कहा गया? 5-81

कभी कहा जाता है ये काफिर है, कभी कहा जाता है, इन्हें दोस्त मत बनाना, कभी आलिम कहा जाता है। कभी कहा जाता है कि ये आलिम नही (बे-अक्लमंद) है।

प्र. क्या अल्लाह से कुरान में कुछ छूट गया या समझा नहीं पाया या मुहम्मद सा. पैगम्बर या हमनें (कौन-कौन है) ये छूट गया। जिससे यह कहना पड़ा कि जाओ बाईबल पढ़ो?

5-90 ऐ ईमान वालों शराब और जुआ और बुत और कुआँ के तीर (ये सब) गन्दे शैतानी काम है। सो इनसे बिल्कुल अलग रहो ताकि तुमको कामयाब हो।

प्र. कुरान शराब, जुआ व अन्य काम को नाजायज ठहराया गया है।

प्र. लेकिन अल्लाह की उतारी हुई कुरान में बार-बार शराब पीने को जायज (ठीक) कैसे ठहराया गया है?

प्र. कुरान की इन आयतों में खुलकर शराब पीने का बोला गया है - 43-69, 47-14, 52-16, 52-12, 52-22, 56-17, 76-4, 76-16, 76-20, 79-33, 84-24

6 - सूरहू अन - आम

6-8 में अल्लाह फेल हो गये?

6-18 ताकि मैं कुरान के जरिये तुमको और जिस-जिस को कुरान पहुँचे, उन सबको डराऊँ।

प्र. क्या अल्लाह ने यह किताब कुरान इसलिये दी कि सबको डराया जाये?

प्र. जब अब्राहम (ईब्राहिम) ने अपने बाप आजर से फरमाया कि क्या तू बूतों के माबूद करार देता है? बेशक मैं तुझको और तेरी सारी कौम को खुली गलती में देखता हूँ।

प्र. बाईबल में कही भी मक्का की तरफ, नमाज पढ़ने क्का हवाला, इस्लाम का जिक्र, मक्का जाने का नहीं दिया गया।

6-154 यह कुरान मजीद एक किताब है। जिसको हमने भेजा, बड़ी खैर व बरकत वाली, सो इसका इत्तिबा करो और डरो, ताकि तुम पर रहमत हो।

प्र.   क्या कुरान की किताब ऊपर से उतारी गई, खुदा (अल्ला) ने भेजा? कुरान की 6-154 आयत में लिखा है हमने भेजा?

प्र.   उतारना अलग चीज है, भेजना अलग चीज है।

प्र.   हमने में कौन-कौन है। उनका नाम नहीं दिया गया?

प्र.   पढ़ा-लिखा इन्सान हर बातचीत का मूल्यांकन करता है। जब हम आँख खोलते है तो हमें बहुत सी चीजें जो दुनियां में है, दिखती है। लेकिन जब हम चलते-चलते किसी चौराहा पर आ जाते हैं, तो हमें चुनाव करना पड़ता है कि कौनसा रास्ता किधर जाता है?

आस्था में केवल विश्वास होता है। उसमें चुनाव का सहारा नहीं होता है।एक अन्धा विश्वास, क्या यह सही है। परमेश्वर ने हमें बुद्धि (अक्ल) दी है। हमें अक्लमंद बनना होगा। अन्यथा हम...?

7 - सूरहू अल-अअ् राफ

-   कुरान और बाईबल पढ़ने के बाद बहुत फर्क महसूस हुआ। बाईबल में प्रत्येक नबी का बहुत गहराई, विस्तार, सिस्टेमेटिक तरीके से बयान किया। दुनिया की उत्पत्ति (पैदायिश) से लेकर ईसा मसीह (येशू) का आगमन व अन्त में कयामत का जिक्र किया गया है। हर नबी के अध्याय दिये गये है जबकि कुरान में कही पर आदम, कही पर मूसा (मोजेज), कही पर लूत, कही पर नूह, अब्राहम, दाऊद का एक-एक लाइन में कभी-कही पर, कभी-कही पर अलग-अलग जगह

दिया गया है। यदि कुरान को बाईबल में से भी लेकर लिखना था तो उसमें बदलाव नहीं करने चाहिये थे।

– इंजील (बाईबल) जिसे मुस्लिम दूसरी किताब बताते है और कुरान तीसरी किताब और आखिर इन दोनों में फर्क क्यों आया? मुस्लिम - येशु कुंवारी से पैदा हुआ, येशु ने अनेकों चमत्कार किये मरे इन्सानों को जिन्दा करना, बद-रूह निकालना, आँधी-तूफान को रोकना, पानी पर चलना, अन्धे, लंगडे, लूले, लाचारों, यीशु के कपड़े छूने से चंगाई आदि अनेकों व अनगिनत चमत्कार। तीसरा येशु मसीहा भी था इन पर सहमत है। कयामत पर आने वाला है। येशु खुदा का बेटा नही है, क्रास (सूली) पर मारा नही गया और मरे हुए में से जिन्दा नही हुआ पर असहमत है।

प्र. अल्ला ने यीशु (ईसा मसीह) रूहल-कुदूस से ताईद दी। (5-109)

ताईद मतलब मददगार बनाना (3-51 भी देखे)

प्र. जबकि यीशु मारा गया देखे - 3-54, 2-233

प्र. वफात का मतलब मर जाना, मौत पर फतह, मर कर जी उठना।

प्र. कही बाईबल में से नकल उतारने में जान-बूझकर बदलाव किये गये?

7-1   यह एक किताब कुरान है, जो आपके पास भेजी गई है कि आप इसके जरिये से डराये?

प्र. यह किताब डराकर क्यों सिखाना चाहती है? क्या यह शान्ति (अमन) का पाठ पढ़ाती है?

7-55   फसाद मत फैलाओं और उसकी (अल्लाह) की ईबादत किया करो डरते और उम्मीदवार रहते हुए।

प्र. यहाँ कहा गया फसाद मत फैलाओ, जबकि पूरी दुनिया में आपके द्वारा ईमानदार और बे-ईमान वालों के बीच दिवार आपने खींच दी है? पूरी कुरान में बार-बार जिहाद करने, कत्ल करने का जिक्र आता है? बाईबल, प्रेम, क्षमा, दया, भाई-चारा व अनन्त जीवन की ओर ले जाती है।

प्र. फसाद और जिहाद में क्या अन्तर है?

7-125   हमारे ऊपर सब्र का फैजान फरमा और हमारी जान इस्लाम की हालत पर निकालिये।

प्र. मूसा (मोजेज) के समय में इस्लाम नाम का धर्म था या नहीं?

प्र. इस्लाम, ईसा से निकला हुआ शब्द तो नही है। इस्लाम ईसा येशु के छः सौ - सात सौ साल बाद आया। यहाँ तक मोहम्मद सा. के माता-पिता का भी इस्लाम में जिक्र नहीं आया।

प्र. क्या इस्लाम को प्रमोट आगे बढ़ाकर कुरान बनाई गई?

7-156   जो लोग ऐसे रसूल नबी उम्मी को इत्तिबा करते है जिनको वे लोग अपने पास तौरात व इंजील में लिखा हुआ पाते है। वे फलाह सुधार (शैतान के प्रभाव से बचाव) पाने वाले है।

प्र. तौरात मूसा (मोजेज) की व्यवस्था (कायदे) को तौरात कहा गया है जिसे आज तक मुस्लिम मानते है। तौरात के बाद इंजील (बाईबल) आयी, जिसे कुरान के हिसाब से दूसरी किताब अल्लाह ने उतारा।

प्र. मुस्लिम ने इंजील को क्यों नहीं स्वीकार किया? उस जमाने में कुरान पर बार-बार शक-शूबा क्यों किया गया, जैसा कुरान में बार-बार आया है।

प्र. क्या सिर्फ यह कहने से कि इंजील में इन्सानों ने तबदीलियाँ की है? इसलिये ये अल्लाह की किताब नहीं है? ये बात केवल मुस्लिम करते है। जबकि कुरान में बार-बार आया है। अल्ला का कलाम खराब नहीं किया जा सकता। 6-114

प्र. यदि मुस्लिम इस किताब इंजील को नहीं मानते तो गुनाह करते है? यहाँ इस्लाम भी गलत ठहर जायेगा।

प्र. या कुरान को आगे बढ़ाने वास्ते इंजील को पीछे किया गया?

प्र. गैर लोगों और मुसलमानों में अलगाव पैदा करने के लिये ऐसा किया गया?

प्र. बाईबल (इंजील) के 600-700 साल बाद कुरान आयी।

प्र. क्या मुस्लिम आज भी तौरात, इंजील को मानते है? या केवल कुरान को ही मानते है?

प्र. कुरान आने पर ही मुस्लिम धर्म का फैलाव (ईजाद) हुआ या इससे पहले ये किस धर्म, किस गॉड को मानते थे?

प्र. क्या मुहम्मद सा. (पैगम्बर) के आने के बाद ही कुरान आयी? या हमने....? हमने में कितने जने है?

प्र. कुरान एक फरिश्ता ने या अनेक फरिश्तों ने उतारी, जैसा कुरान में जगह-जगह आया है?

प्र. क्या कुरान मुहम्मद सा. द्वारा लिखी/उतारी गई। जबकि कुरान में अनेक नबियों पर उतारी या लिखी गई ..?

प्र. कुरान उम्मी नबी भी कह रहे है। तौरात व इंजील को पढ़ने के लिये कहते है। (बाईबल पढ़ो) मूसा की व्यवस्था (कानून कायदे) बाईबल में बहुत ही गहराई से दिया गया है। बाईबल को पढ़ने के बाद आपको दूसरी किताब पढ़ने-समझने की जरूरत नही पड़ेगी।

प्र. कुरान 10-93 (यूनस) में क्यों कहा गया कि यदि कुरान को समझने में कोई शक हो तो तौरात, बाईबल में जाओ वे कुरान को सच बतलायेंगे। (बाईबल में कुरान का कोई जिक्र नहीं हैं।)

प्र. जब तौरात व बाईबल सच बतला रहे है तो कुरान को पढ़ना ठीक है या नही?

प्र. क्या कुरान सच नहीं बतला रही है?

7-157 ऐ दुनिया जहान के लोगों मैं तुम सबकी तरफ से उस अल्ला का भेजा हुआ पैगम्बर हूँ।

प्र. कुरान के हिसाब से पैगम्बर किसे माना जाये?

प्र. पैगम्बर मुहम्मद सा. को अल्ला ने सीधे नही भेजा? दुनिया जहान के लोगों की सिफारिश से भेजा गया पैगम्बर कहा? इस आयत में दिखा रहा है। मोहम्मद सा. खुद को प्रमाणित कर रहे है मैं अल्ला का भेजा हुआ पैगम्बर हूँ?

प्र. मुहम्मद सा. को लोग क्यों मारने चाहते थे? मौत के डर से क्यों भाग रहे थे? जबकि ईसा (यीशु) जानते थे कि मेरा अन्तिम समय निकट है और गतसमनी बाग में रात के पहर में प्रार्थना कर रहे थे। अपने पकड़ने वालो को खुद कहते है जिसे तुम ढूँढ रहे हो वो मैं हूँ।

प्र. कुरान में मुहम्मद सा. बड़े है या ईसा मसीह?

प्र. कुरान में कहीं भी मुहम्मद सा. के माँ-बाप का जिक्र नहीं है। कितनी पत्नियाँ थी, कितने बच्चे थे, उन्होंने आम लोगों के लिये क्या-क्या काम किये, कोई जिक्र नही, ना उनकी मौत का जिक्र आया, कैसे पैगम्बर थे।

प्र. कुरान में केवल चार बार मोहम्मद सा. का नाम आया है। जबकि ईसा मसीह (यीशु) का नाम पच्चीस (25) बार आया है। ईसा के जन्म से लेकर मौत व दुबारा आने का जिक्र है।

प्र. कुरान में ईसा (यीशु) को रूह-अल्ला क्यों कहा गया?

प्र. बाईबल/कुरान में मरियम को पवित्र औरत कहा गया और यीशु की जिस्मानी मां कहलायी। लेकिन यीशु के चौदह सौ साल पहले मूसा (मोजेज) व हारून की बहन को येशू की माँ कुरान में बताया गया?

प्र. खुदा की तरफ से गर्भवती हुई।

प्र. यीशु का नाम खुदा की तरफ से दिया गया।

प्र. क्या कुरान में मुहम्मद सा. को कुरान आयतों द्वारा दी गई? 57-8, 25-1

प्र. कुरान में कहा गया, किताब उतारी गई, नाजिल की। या नाबियों के द्वारा लिखी गई या एक फरिश्ते ने, कही पर फरिश्तों ने, कही पर आसमान से कुरान उतारी गई कहीं पर बरकत वाली रात शबे-कद्र में उतारी गई, कहीं पर रब्बुल आलमीन का भेजा हुआ, कहीं पर हमने, कहीं पर खास बन्दे पर, कहीं पर आप पर, कहीं पर रहमान-रहीम की तरफ से नाजिल हुई, कहीं पर अमानतदार फरिश्ता, कहीं पर हम, कहीं पर आप कह दीजिये, हमारे पास, ये कौन है (किसके पास भेजी गई है) प्रश्न पैदा करता है।

प्र. कुरान, कुरान की किताब के हिसाब 88 किताबें मक्का में, व 26 किताबें मदीना में उतारी गई।

प्र. क्या कुरान एक बार अल्लाह से उतरी या जैसा मक्का में अलग, मदीना में अलग?

प्र. अलग-अलग नबियों द्वारा लिखी तो नाम क्यों नहीं, या मुहम्मद या अन्य?

7-165 यानि जिस काम से उनको मना किया गया था। जब वे उसमें हद से निकल गये तो हमने उनको (प्रश्न एक या अनेक है?) (गजब और गुस्से) से कह दिया कि तुम जलील बन्दर बन जाओ।

प्र. हमने उनको कौन है? कितने जन है?

प्र. 5-59 में जो अल्लाह से दूर हो गये। उन पर गजब फरमाया हो और उनको बन्दर और सूअर बना दिया।

प्र. अल्लाह माफ करने वाला नहीं जैसा कुरान में बार-बार आया बदला लेने वाला है। प्रश्न पैदा करता है। जब यीशु हमारे गुनाहों को माफ करने, इन्सान बनकर आया।

9 - सूरहू अत-तौबा

9-4 सो हुर्मत महीने गुजर जाये तो उन मुश्रिकों (शरीक, साझीदार) को जहाँ पाओ, वहा मारो, पकड़ो और बांधों और दाव-घात के मौकों में उनकी ताक में बैठो। अगर कुफ्र (नास्तिक) से तौबा कर ले, नमाज पढ़ने लगे और जकात देने लगे तो उनका रास्ता छोड़ दे।

प्र. ये कैसी आयत है? ये कैसा फरमान हैं?

प्र. जहाँ भी मिले, मारो, पकड़ो, बांधों, उल्टे-सीधे, सारे तरीके अपना लो। यदि तौबा कर ले मुसलमान बन जाये तो माफ कर दो?

प्र. आयत में भी 9-4 की तरह दिया गया है

प्र. यदि मुसलमान, दीनी बन जाये, उसको भाई बना लो वरना.....?

9-11   इस आयत के अनुसार जो कुरान पर ईमान नही रखते, उनसे लड़ाई-झगड़ा, लड़ना सिखाया जाता है। नफरत, डराना, कत्ल करना..?

9-13   उनसे लड़ो, अल्ला उनको तुम्हारे हाथों से सजा देगा। तुमको गालिब (जीता हुआ) और मुसलमानों के दिलों को शिफा (चंगाई) देगा।

प्र. कैसी नफरत है? लड़ने के लिये, सजा देने के लिये, मुसलमानों को आगे बढ़ाया गया है?

प्र. अल्लाह तुम्हें हर काम में फतह जीत देगा?

प्र. अन्त में मुसलमानों (ईमान वालों) को अल्लाह ईनाम देगा? कैसा लालच है?

9-37   ऐ ईमान वालों, तुम लोगों को क्या हुआ, जब तुमसे कहा जाता है कि अल्लाह की राह में (जिहाद) के लिये निकलो। 2-215, 9-4, 9-13

प्र. अल्लाह की तरफ से कैसा हुकम दिया गया?

प्र. अल्लाह अपनी कुरान के हिसाब से कैसा जिहाद चाहता है?

9-38   यदि तुम नही निकलोंगे तो तुमको सख्त सजा देगा, हलाक होना?

प्र. क्या सजा देना, डराना, मरना-मारना ही अल्लाह का धर्म है?

9-40 अपने जान-माल के लिये जिहाद करो।

प्र. क्या जान-माल औरतों और उनके समान, बच्चों के लिये लड़ो?

9-71 अल्ला ने मुसलमानों मर्द और औरतों से ऐसे बागों का वायदा कर रखा है, जिनके नीचे नहरे चलती होगी।

9-72 तलवार के साथ जिहाद कीजिये, उन पर सख्ती कीजिये, दोजख इनका ठिकाना है।

प्र. अल्लाह कुरान के द्वारा कहा गया कि तलवार से जिहाद लड़ो, झगड़ों, मारो, इनको दोजख में डालो।

प्र. कैसा अल्लाह है? प्रश्न पैदा करता है?

9-110 अल्लाह ने मुसलमानों से उनकी जानों और मालों (औरतों - समानों) के बदले खरीद लिया? कि उनको जन्नत मिलेगी। वे अल्ला की राह में रहते है, जिसमें कत्ल करते है, कत्ल किये जाते है?

प्र. अल्लाह ने मुसलमानों को (ईमानदारों को) उनकी जानो-मालों के बदले खरीदा है? वे अल्लाह की राह में रहते है, जिसमें कत्ल करते है, कत्ल किये जाते है।

प्र. अल्लाह की राह में जो मुसलमान जिहाद कर रहे है? अल्लाह ने उनकी या दूसरों की औरतें, समान में बच्चे व और कुछ भी हो सकता है, जिहाद, मरने-मारने के बदले खरीद लो।

प्र. अल्लाह के द्वारा जन्नत में इनाम दिया जायेगा?

प्र. जो कत्ल करते, डराते-मारते, उनको अल्लाह की तरफ से जन्नत दी जायेगी?

10 - सूरहू - यूनुस

10-36   यहाँ कुरान अल्ला के सिवा और किसी और का घड़ा हुआ नहीं है। ऐसा क्यों कहा गया?

प्र. कुरान की किताब को सफाई देने की आवश्यकता क्यों पड़ी? 5-45, 7-156, 25-4

10-93   यदि कुरान पर शक हो तो इंजील (बाईबल पढ़ो)

प्र. यहाँ कुरान पर शक किया गया है? क्यों?

16 - सूरहू अन-नहूल

16-74   एक गुलाम है जो दूसरे की मिल्क में है, किसी चीज का इख्तियार नही रखता। एक शख्स है जिसको हमने अपने पास से खूब रोजी दी है तो वह उससे छुपे और खुले तौर पर खर्च करता है। (क्या आपस में बराबर हो सकते है?) 2-137 भी देखे।

प्र. इस आयत में गुलाम मालिक की गिरफ्त में है। मालिक के सामने बेसहारा है।

प्र. गुलाम की, चाहे वह औरत हो, आदमी हो, मालिक उनको खुले या छुपे तरीके से खूब इस्तेमाल करेगा, कोई रोक-टोक नहीं, गुलाम मायूस, कमजोर है।

प्र. क्या मालिक और गुलाम बराबर हो सकते है?

प्र. कुरान में जगह-जगह आया है, कि तुम मेरे गुलाम हो। क्या अल्ला ने ईमानवालों (मुसलमानों) को गुलाम बनाया है?

प्र. मालिक गुलाम से कभी भी प्यार नहीं कर सकता है?

प्र. बाईबल में ईसा मसीह (यीशु) ने नया नियम - यहून्ना में कहां जितनों ने मुझे ग्रहण किया मैंने उनको परमेश्वर की सन्तान (बेटे-बेटियाँ) होने का हक दिया।

प्र. यहाँ यीशु को खुदा बाप कहना ठीक है या नही? जो बाप का हक अदा करता है।

17 - सूरह बनी इसराइल

17-4   हम तुम पर अपने ऐसे बन्दों के मुसल्लत करेंगे जो बड़े जंगजू होंगे, फिर वे तुम्हारे घरों में घुस पड़ेंगे और तुमको कत्ल करेंगे। यह एक वायदा है।

प्र. कैसे लड़ाके पैदा किये जायेंगे, उनको लोगों के घरों में घुसने, कत्ल करने की छूट क्या सही है?

17-5   यदि अल्ला से तौबा करोगे तो तुम्हारा गल्बा कर देंगे, औरतें-बच्चे तुम्हारी सहायता के लिये दिया जायेगा?

17-9   जो आखिरत पर ईमान नहीं रखते, उनको काफिर, हराम कहा गया। उनको दर्दनाक सजा तैयार कर रखी है।

प्र. उस पुराने जमाने में औरतों, आदमियों को गुलाम, बन्धुआ मजदूर, हर तरीके से डराकर उनको जैसे चाहे तोड़ा मोड़ा जाता था। जो इन्कार करते थे उनको काफिर-हराम कहकर भावुक बनाया जाता था। जो नहीं बनते थे सजा का डर दोजख दिखाया जाता था। क्या यही अल्ला की किताब है?

प्र. आखिरत में ईसा मसीह कयामत पर आयेंगे। क्या मुसलमान ईमान रखते है?

17-43   सातों आसमान? अल्ला के द्वारा कितने आसमान है? कही नही बताया गया?

17-44   45, 46 जो लोग आखिरत पर ईमान नही रखते, हमने उनके दिलों पर पर्दा डाल देते है। कुरान से नफरत करते है - ये जालिम है।

17-61 63 काफिर लोगों की औलाद को अपने बस में करूँगा। इनकी सजा जहन्नम, जिस-जिस पर तेरा काबू, बस चले, अपनी चीख-पुकार से कदम उखाड़ देना। उन पर सवार होकर, प्यादे चढ़ा लाना और उनके माल और औलाद में साझा कर लेना।

प्र. जो कुरान पर ईमान नही रखते (गैर-मुसलमान) काफिर है उनकी औरतों, बच्चों, सारे तरीके अपनाकर, सबको जैसे चाहो, इस्तेमाल करो, साझा (पार्टनरशिप) कर लो बहुत अजीब लगता है।

17-81 ईमान वालों के लिये (हक) शिफा, चंगाई और रहमत है ना इन्साफों को उलटा नुकसान बढ़ता है।

प्र. ईमान वालों के लिये अल्ला ने रहमते-रहमते ही दी है। अल्ला पर ईमान नही रखने वाले गैरमुस्लिम उनके लिये सजायें तय की गई है?

प्र. लालच, औरतों का तोहफा व अन्य?

17-104 कुरान में बार-बार आया है हमने इस कुरान को रास्ती के साथ नाजिल किया? खुशी सुनाने वाला और डराने वाला बनाकर भेजा है।

प्र. कुरान को अल्ला ने नाजिल किया? या हमने (अनेक लोगों) बार-बार आया है नाजिल किया? अल्ला ने या हमनें?

18 - सूरह अल कहूफ

18-29 जो लोग ईमान लाये और अच्छे काम किये, ऐसों का बदला बरबाद न करेंगे। ऐसे लोगों के लिये हमेशा बाग-नहरे, उनको वहाँ सोने के कंगन पहनाये जायें और हरे रंग के कपड़े,

बारीक और मोटे रेशम के पहनेंगे, वहाँ मसहारियों पर तकिया लगाये बैठे होंगे। अच्छा बदला और अच्छी जन्नत है।

प्र. कुरान में अल्ला के द्वारा बार-बार कहा गया है जो ईमान वाले (मुसलमान) जिन्होंने अल्ला की राह, बे-ईमान वालों, काफिरों के लिये जिहाद, लड़ाई-झगड़े, कत्ल, बदला लिया जायेगा। ईनाम के तौर पर जन्नत में बाग-नहरे, औरतें, शराब दी जायेगी? क्या यह ठीक है?

प्र. जीते-जी कानून के तोड़ने वालों को जेल में बन्द कर दिया जाता है, पूरी जिन्दगी आटे-दाल (गरीबी) संघर्ष में निकल जाती है। क्या मरने के बाद ईनाम अल्ला की तरफ से मिलेगा भी या नही या नही या केवल अन्धे विश्वास में दी गई जिन्दगी को बरबाद कर लिया जाये?

प्र. हरे रंग में कोई खास बात है क्या जो इस पर ज्यादा ध्यान दिया गया? रेशम चाहे (बारीक) पतला हो या मोटा पहनने पर इन्सान नंगा दिखेगा। क्या आधे नंगे जन्नत में घूमेंगे?

प्र. जब सभी रेशम में नंगे दिखेंगे तो क्या वासना को जगाया जायेगा? जहाँ आदमी-औरत दोनों होंगे?

प्र. जन्नत में पलंग, तकिये, शराब और ईमानदार बैठे होंगे?

प्र. सोने से मंहगा तो हीरा, प्लेटिनम को तवज्जों क्यों नहीं दी गई? क्या अल्ला को पता नही था?

18-49   हमने फरिश्तों को हुकम दिया।

प्र. अल्ला ने हुकम दिया या एक से ज्यादा ने?

प्र. कुरान में अनेकों बार आया हमनें (ये हमने कौन है?)

18-50 मैंने उनको न तो आसमान और जमीन के पैदा करने के वक्त बुलाया और न खुद उनके पैदा करने के वक्त बुलाया और मैं ऐसा (अजीज) ना था, कि गुनाह करने वालों को अपना बाजू बनाता।

प्र. यहाँ बे-ईमान (काफिरों) के लिये कहा जा रहा है या कौन है?

प्र. यदि काफिर है तो इनको पैदा करने वाला कौन है?

प्र. यदि ये काफिर है, गुनाह करने वाले है तो इनका पैदा करने वाला कौन सा बाजू है? इनको किसने बनाया?

18-85 यहाँ तक कि जब सूरज डूबने के मौके पर पहुँचे, तो (वह सूरज) उनको काले रंग के पानी में डूबता हुआ दिखाई दिया?

प्र. क्या उस जमाने में अल्ला को सूरज पानी में डूबता हुआ दिखाई देता था?

प्र. समुन्द्र में पानी का रंग काला होता है या नीला?

प्र. साइन्स के हिसाब से सूरज ना डूबता है ना ही चलता है?

प्र. प्रश्न यह है कि क्या ये कुरान ऊपर से उतारी गई या हमने बार-बार आया है। एक अल्ला या अनेक अल्ला या इन्सान ने उस समय की सोच के अनुसार लिखी थी?

प्र. बाईबल से नकल ही करनी थी तो अकल क्यों नहीं इस्तेमाल की गई? या अनपढ़ों को डरा धमका, तलवार के जौर, लालच पर मुसलमान बनाया गया?

प्र. बाईबल के 600-700 साल बाद कुरान उतारी या मुहम्मद सा. पर या नाबियों पर या हमने? पर लिखी गई?

प्र. अल्ला 600 साल तक क्यों सोता रहा? अल्ला से पहली दो किताबों में क्या गलती हो गई जो बाद में याद करके सुधारी गई या नकल करके लिखी गई?

प्र. बाईबल दुनिया की पैदायश, नाबियों का पुराना इतिहास क्रमवार अध्याय व कियामत (दुनिया का अंत) कैसे होगी का जिक्र बहुत गहराई व विस्तार से किया गया है। आप खुद देखें।

प्र. बाईबल का मूल सिद्धान्त प्रेम, पापों की क्षमा, दया, विश्वास व अनन्त जीवन दिया गया है। कुरान में डराना, गुलाम बनाना, नफरत, हिकारत, इन्सान को इन्सान से बांटना, बदला लेना, कत्ल कर मुसलमान बनाना, लालच-औरतों का व जन्नत में ऐय्याशी - शराब देना?

प्र. कुरान के हिसाब से ये आखरी किताब, अब कोई और किताब नहीं आयेगी, कैसे विश्वास करें?

19-15 वह (मरयम) अपने घर वालों से अलग एक मकान जो पूरब की जानिब नहाने गई, घर वालों के सामने पर्दा डाल दिया। इस हालत में उनके पास फरिश्ते जिबराइल को भेजा, वह एक पूरा आदमी बनकर जाहिर हुआ, कहने लगी मैं तुमसे रहमान की पनाह माँगती हूँ, अगर तू खुदा से डरने वाला है तो यहाँ से हट जा।

प्र. इसमें जिबराइल फरिश्ता सही था या मरयम? फरिश्ता तो खुदा की तरफ से आया था - वह कैसे हुकम तोड़ सकता था? मरयम को पाक-साफ बताया गया है, वह कैसे हुकम को तोड़ रही थी? इनमें कौन सही है?

19 - सूरह मरयम

19-17   ऐ हारून की बहन (मरियम) को कुरान में येशू ईसा की मां बताया गया है?

प्र. येशू का जन्म यूनान और रोम साम्राज्य के समय में (1400 साल बाद) दूसरी मरियम से हुआ था। क्या बाईबल के शब्दों को तोड़ा-मरोड़ा गया? गलती किससे हो रही है?

19-29   30, 31, 32 बच्चा खुद ही बोल उठा, मैं अल्ला का बन्दा हूँ, उसने मुझको (बाईबल) इंजील दी व नबी बनाया। जिस दिन मैं पैदा हुआ। जिस दिन इन्तकाल करूंगा। और जिस दिन (कियामत में) जिन्दा करके उठाया जाऊँगा।

प्र. कुरान के हिसाब से यीशू रूह-अल्ला से पैदा हुआ?

प्र. अल्ला ने उसको इंजील (बाईबल) क्यों दी व हाथ के हाथ नबी भी बनाया?

प्र. बाईबल कहती हैं - यीशु सूली पर मरने के बाद जिन्दा करके उठाया गया लेकिन कुरान कहती है यीशु (ईसा) मरा ही नही तो मर कर जिन्दा कैसे हो गया देखे - 3-54

प्र. अल्ला ने मुहम्मद (पैगम्बर) को ना तो रूह से, ना मोजमें (चमत्कार) की ताकत का अधिकार दिया, ना मरने के बाद जी उठने का अधिकार दिया। फिर कैसे नबी बन गया?

प्र. मुहम्मद सा. के ना तो बाप का नाम, ना ही माँ का नाम बताया गया? ना ही बाईबल में मुहम्मद का नाम आया?

प्र. मुहम्मद सा. ने कितनी शादियाँ की? और बारी-बारी करके उनको क्यों छोड़ते गये?

20 - सूरह ता-हा

20-3   यहाँ उस जात की तरफ से नाजिल किया गया, जिसने जमीन को और बुलन्द आसमानों को पैदा किया जाता।

प्र. कौनसी?

प्र. एक जमीन और कितने आसमान?

20-36   एक तरफ तो कुरान में मूसा को अल्ला का नबी बताया है। दूसरी तरफ (इससे पहले बिना दरखास्त ही) तुम पर एहसान कर चुके है।

प्र. क्या अल्ला नाबियों पर भी एहसान करता हैं या दरखास्त देकर ही नबी बनाता हैं?

20-98   कुरान को क्या नसीयत नामा भी दिया गया।

प्र. कुरान अल्ला की किताब है या नसीयत नामा या धर्म पुस्तक?

22 - सूरह अल-हज्ज

22-22   जो ईमान लाये, नेक काम किये, उनको ऐसे बागों में दाखिल करेगा, नीचे नहरें होगी, उनको   सोने के कंगन और मोती पहनायें जायेंगे, उनका लिबास रेशम का होगा?

22-38   अब लड़ने की उन लोगों की ईजाजत दे दी, जिनसे काफिरों से लड़ाई की जाती है?

22-48   ऐ लोगों मैं तो सिर्फ तुम्हारे लिये एक खुला डराने वाला हूँ।

24 - सूरहू अन-नूर

24-1 यहाँ एक सूरह है, जिसको हम ही ने नाजिल किया है। हमने इस सूरहू में साफ साफ आयते नाजिल की है।

प्र. कुरान का यह हिस्सा अल्ला की तरफ से नही बल्कि हमने मैं कौन है? नाजिल की?

प्र. हम ही ने मुकर्रर किया है?

24-25 गन्दी औरतें, गन्दे मर्दों के लायक होती है? गन्दें मर्द, गन्दी औरतों के लायक होते है? पाक-साफ औरतें, पाक-साफ मर्दों के लायक? पाक साफ मर्द पाक साफ औरतों के लायक?

प्र. अल्ला की नजर में पाक कौन होता है?

प्र. साफ किनकों कहा जाये? इसकी क्या परिभाषा होगी?

25 - सूरहू अल फुरकान

25-1 कुरान अपने खास बन्दे मुहम्मद सल्ल पर नाजिल हुई ताकि वह दुनिया जहान वालों के लिये डराने वाला हो?

प्र. यहाँ कुरान मुहम्मद सल्ला पर नाजिल हुई?

प्र. 41-1 में रहमान-रहीम की तरफ से नाजिल हुई?

प्र. 45-1 यह किताब अल्लाह गालिब हिकमत वाले की तरफ नाजिल हुई?

प्र. 17-104 कुरान में बार-बार आया हमनें.....? में कितने जने है? बताया नही गया?

प्र. 26-191, यह कुरान रब्बुल-आलमीन का भेजा हुआ है?

25-3   काफिर लोग कुरान के बारे में कहते है। यह निरा झूठ है। जिसको एक शख्स (यानि पैगम्बर) ने धड़ लिया, दूसरों ने मदद की?

प्र. उस जमाने में जिन्होंने नकारा उनको काफिर कहाँ गया?

प्र. एक ने धड़ लिया - कौन है एक?

प्र. मदद करने वाले कौन है?

25-4   काफिर लोग यूँ कहते है कि यह कुरान बे-सनद बाते हैं, जो अगलों से नकल होती चली आती है? जिनको उस शख्स (यानि पैगम्बर) ने लिखवा लिया।

प्र. कौन लोग इस पर ईमान नहीं रखते थे कि कुरान में बे-सनद बातें है।

प्र. बे-सनद का क्या मतलब निकालेंगे?

प्र. यहाँ धीरे-धीरे जिन्होंने लिखा, उनसे नकल होती चली आती है?

प्र. यदि यह नकल करके लिखी गई है, तो अल्ला की किताब कैसे?

प्र. कुरान में यह आयत देने का क्या मतलब है?

प्र. क्या नकल करके लिखी गई? नकल में कौनसी किताब इस्तेमाल की गई?

25-34   हमने मूसा को किताब तौरात दी थी।

प्र. मूसा को किताब दी। फिर उसके भाई हारून को मददगार क्यों बनाया गया?

प्र. हारून ने तौरात किताब में कैसी मदद की? आसमान से उतरवाने में या लिखवाने में?

प्र. इंजील (बाईबल) भी कुरान के हिसाब से उतारी गई? जैसा ईस्लाम कहता है।

प्र. कुरान के हिसाब से बाईबल को उतरवाने में किसने मदद की? जबकि बाईबल के अनुसार रूहानी लोगों ने समय-समय पर बाईबल (ईंजील) को लिखा गया।

प्र. क्या बाईबल से ही नकल करके जैसा 25-4 में आया है? तौरात और कुरान को (ईजाद) किया गया?

प्र. कुरान में मुहम्मद पैगम्बर पर नाजिल बताया गया, कही पर यह अल्ला की तरफ से? 2-88 हालांकि ये सब (यहूदी-ईसाई) आसमानी किताबें पढ़ते है कुरान के अलावा ये आसमानी किताबें कौनसी है? 2-112

26 - सूरहू शु-अरा

26-191   यह कुरान रब्बुल-आलमीन का भेजा हुआ है?

प्र. ये खब्बुल आलमीन कौन है?

प्र. क्या यह कुरान रब्बुल आलमीन पर भेजी गई या लाया हुआ या (नाजिल) की गई?

27 - सूरहू अन-अम्ल

27-89   जो शख्स बुराई (यानि कुफ व शिर्क) लायेगा तो वे लोग औंधे मुँह आग में डाले जायेंगे?

प्र. क्या बिना औंधे मुँह डाले दोजख (आग) में नही जायेंगे? औंधे मुँह डालने वाले कौन होंगे?

28 - सूरह अल कसम

28-47   ये लोग यूँ कहते है कि तौरात व कुरान दोनों जादू है जो एक दूसरे के अनुकूल (मिलती-जुलती) है। दोनों में से हम किसी को भी नहीं मानते।

28-48   आप कह दीजिये कि अच्छा (तौरात और कुरआन के अलावा) तुम कोई और किताब अल्लाह के पास से ले जाओ?

प्र. तौरात-कुरान को उस समय के लोगों ने इन्हें जादू क्यों कहा?

प्र. कितने फिरके थे? कौन-कौन सा फिरका इन किताबों को नहीं मानता था?

प्र. किसने कहा कि तुम कोई और किताब अल्ला से ले आओ? क्या अल्ला के पास किताबें देने का ही काम था या हैं?

प्र. बाईबल पर उस समय के लोगों ने दोष क्यों नहीं लगाया?

29 - सूरह अल-अनकबूत

29-24   बुतपरस्ती (मूर्ति पूजा) से बाज नही आये तो ठिकाना दोजख होगा।

प्र. क्या कबरें (मजारें) पूजना, फातियाँ पढ़ना, फूल चढ़ाना, धागे बाँधना, अगरबत्ती जलाना, कब्रों पर जाकर दुआ करना, चादर चढ़ाना, मजार, बाबाओं की कब्र (मजार) तैयार करना क्या ठीक हैं? मक्का में काबा के चक्कर काटना, कंकड़ फेंकना जायज है?

29-46   47, 50 हमनें आप पर यह किताब (कुरान) नाजिल फरमाई? आप इस किताब से पहले न कोई किताब पढ़े हुए थे न कोई किताब अपने हाथ से लिख सकते थे?

प्र. हमनें ये कौन है? बार बार क्यों आया कि ये नकल करके लिखी गयी। बार बार शक-शूबा क्यो लिखा गया? क्यों इंजील में से जगह जगह से नकल की गई।

प्र. क्या अल्ला की तरफ से ना होकर, हमने (अधिक लोगों) द्वारा नाजिल की गई?

31 - सूरहू लुकमान

31-7   जो लोग ईमान ले आये और उन्होंने नेक काम किये, उनके लिये ऐश की जनन्नतें है?

प्र. अल्ला-कुरान की नजर में लड़ाई-झगड़ा, जिहाद, नफरत करना, बदला लेना, कत्ल करना, काफिर बताना, डराना, गुलाम बनाना, औरतों को खेत, जान, माल व हलाल जैसे चाहे इस्तेमाल करना, तलवार के जोर पर मुसलमान बनाना, लालच देना, क्या नेक काम की गिनती में आते है?

प्र. इन कामों को करोंगे तो तुम्हें ऐश की जन्नतें दी जायेगी?

प्र. ऐश की जन्नतों में औरतें, शराब, तकिया लगाये पलंग, हम उम्र की लड़कियाँ, बाग-नहरें, सोने के कंगन, रेशम के बारीक व मोटे कपड़े (आधे नंगे दिखना) क्या यही होगा?

प्र. ऐश की कितनी जनन्नतें है?

32 - सूरहू अस-सजद्ह

32-3   कुरान में जिक्र किया गया है कि दुनियां 6 (छः) दिन में बनी।

प्र. विस्तार व गहराई से नही बताया गया?

प्र. बाईबल में हर दिन का जिक्र किया गया है, कि कौन से दिन ईश्वर ने क्या बनाया। 4-45 (ईंजील को देखें।)

प्र. कुरान में बाईबल की हर बात को बहुत कम शब्दों में बताया गया है। क्या नकल करने में कमजोरियाँ छोड़ी गई या छूट गई? टुकड़ों में व सिस्टेमेटिक क्यों नहीं बताया गया?

प्र. आधी कुरान पढ़ने के बाद जिक्र किया गया कि दुनियाँ कैसे बनी?

प्र. केवल इतना सा कहना कि छः दिन में दुनिया बनी?

33 - सूरह अल-अहजाब

33-5   नबी मोमिनों के साथ खुद नफस (जुड़ना) से ज्यादा ताल्लुक रखते है। आपकी बीवियाँ उनकी माएँ है? मगर यह कि तुम अपने दोस्तों से कुछ सुलूक करना चाहो तो वहाँ जायज है?

प्र. एक तरफ नाबियों की बीबियों को माँऐ बताया जा रहा है? दूसरी तरफ सलूक (रिश्ता) करना चाहो तो जायज है?

प्र. एक माँ के साथ कैसा रिश्ता? कैसा सुलूक?

33-31   ऐ नबी की बीबियों तुम मामूली औरतों की तरह नहीं हो।

प्र. अल्ला ने नबी की बीबियों को एक खास ओहदा वीआईपी केटेगिरी में रखा है?

प्र. दूसरे की बीबियों को दूसरे दर्जे का?

प्र. एक नबी कितनी बीबियाँ रख सकता है?

प्र. कुरान में किसी भी नबी के बारें में नहीं लिखा है, कितनी बीबियाँ, दासियाँ रख सकता है?

33-36   फिर जब जैद (रजि.) का उससे जी भर गया, हमने आपसे उसका निकाह कर दिया, ताकि मुसलमानों पर अपने मुँह बोले बेटों की बीबियों के (निकाह) बारे में कुछ तंगी ना रहे, जब वे (मुँह-बोले बेटे) उनसे अपना भी जी भर चुके है?

प्र.   यह आयत बहुत से प्रश्नों को पैदा करती है?

प्र.   यहाँ जैद किसको कहा गया है? क्या ये मोहम्मद सा. का मुँह बोला बेटा था? उसकी बीबी जैनथ थी।

प्र.   पहले जैद फिर आपसे में कितने जने है?

प्र.   जी भरना किस बात से भरा जायेगा? क्या मुँह बोले बेटे जैद की बीबी से एक बाप निकाह कर सकता है? निकाह करने के लिये अल्ला की तरफ से आयत उतारी गई।

प्र.   ताकि और मुसलमानों को भी तंगी (औरतों की कमी न रहे)?

प्र.   जैनथ को पहले जैद से, फिर आपसे, मौहम्मद सा0 ये बाप-बेटे का कैसा रिश्ता है?

प्र.   अल्ला की पाक कुरान में औरतों को इन्सान समझा गया है या नहीं?

33-48   ऐ ईमान वालों तुम जब मुसलमान औरतों से निकाह करो, फिर तुम उनको हाथ लगाने से पहले (किसी इत्तिफाक से) तलाक दे दो, तो तुम्हारी उन पर कोई इद्दत (वाजिब) नही, जिसको तुम गिनने लगो, तो उनको कुछ (माल) समान दे दो और खूबी के साथ रूखसत करो?

प्र.   ईमान वालों आपको उस औरत के साथ निकाह नही करना चाहिये?

प्र. निकाह करके छोड़ना क्या किसी भी जिन्दगी (औरत) के साथ मजाक, खिलवाड़ तो नही?

प्र. निकाह करना और छोड़ना दोनों की जिन्दगी में धब्बा रहेगा?

प्र. किसी औरत को समान देकर छोड़ना, कोई एहसान नही?

33-49   ऐ नबी? हमने आपके लिये, आपकी ये बीबियाँ जिनको आप उनके महर दे चुके है, हलाल की है, और वे औरतें भी जो तुम्हारी मम्लूका है, अल्ला ने गनीमत में तुमको दिलवा दी।

प्र. नबी द्वारा मेहर तय करके बीबी बनाई जाती है?

प्र. एक नबी कितनी बीबियाँ रख सकता है?

प्र. हलाल से क्या मतलब है?

प्र. क्या नबी शादी-निकाह कर सकते है या नही?

प्र. हलाल तो कुरबानी के समय जानवर को किया जाता है?

प्र. गनीमत से क्या मतलब निकाल सकते है?

33-49   उस मुसलमान औरत को भी जो बिना बदले के अपने को पैगम्बर को दे रहे है? बशर्ते पैगम्बर उनको निकाह में लाना चाहे, जो हमने उन पर उनकी बीबियों, बांदियों पर मुकर्रर किये है।

प्र. बिना बदले, बिना कोई शर्त (सरेण्डर) घुटने टेके (निकाह) हजूरी में चली जाये? ताकि नबियों को औरतों की कमियाँ ना रहे?

प्र. हमने उन पर ये कौन है - कितने है?
प्र. पैगम्बरों पर औरतों की कमी/तंगी ना हो?

33-50 उनमें से आप जिसको चाहे (और जब चाहे) अपने से दूर रखे, और जिसको चाहे (और जब तक चाहे) अपने नजदीक रखे, और जिनको दूर कर रखा था उनमें से फिर तलब करें, तब भी आप पर कोई गुनाह नहीं।

प्र. कुरान में पैगम्बर (नबी) औरतों को अपनी मन-मर्जी, पसन्द के हिसाब से रखे या दूर रखे, कोई गुनाह नहीं है?

प्र. फिर जब मन करें दूर की हुई औरत को तलब लगे तो नजदीक रख ले? गुनाह नही है?

प्र. औरतों को तसल्ली मिलेगी व दुःखी नहीं होगी? कौन सोचता है? अल्ला या नबी?

प्र. अल्ला की दी गई कुरान की नजर में कोई गुनाह नहीं है क्या?

प्र. औरतों को कुरान में जगह-जगह हलाल क्यों किया गया?

प्र. जानवरों की तरह औरतों को भी हलाल किया जाना ठीक है?

33-51 आप उन (मौजूदा) बीबियों की जगह दूसरी बीबियाँ कर ले, यदि उनका हुस्न अच्छा लग रहा है

प्र. इतनी बीबियाँ होने के बाद भी, हुस्न अच्छा लगे तो और बीबियाँ करना ठीक है?

प्र. किसी दूसरी औरत को गलत निगाह से देखना जायज है?

प्र. ये औरतों के जीवन के साथ खिलवाड़ है या नहीं?

प्र. बुरका पहनना, औरतों को कोठों पर बिठाना ये किसकी देन है? ये सब कब से शुरू हुआ?

33-54   पैगम्बर की बीबियों पर अपने बापों के बारे में कोई गुनाह नही और न अपने बेटों के, न अपने भाइयों के, न अपने भतीजों के, न अपने भांजों के और न अपनी औरतों के, न अपनी बांदियों (दासियों) के

प्र.   प्रश्न पैदा करता है?

35 - सूरह - फातिर

35-32   वे बागात है हमेशा रहने के जिनमें ये लोग दाखिल होंगे, उनको सोने के कंगन और मोती पहनाये जायेंगे। उनका लिबास रेशम का होगा।

प्र.   क्या अल्ला की निगाह में ये ही कीमती है? इससे बढ़कर भी कुछ है या नहीं?

36 - सूरह या-सीन

36-5   आप ऐसे लोगों को डराये? जिनको बाप-दादा नही डराये गये।

36-55   वे और उनकी बीबियाँ, सायो मे मसहरियों पर तकिया लगाये बैठे होंगे उनके लिये मेवे होंगे और जो कुछ मांगेंगे, उनको मिलेगा।

प्र.   वे (कौन) होंगे? पैगम्बर या मोमिन (ईमान वाले मुसलमान)

प्र.   उनकी बीबियाँ और वे तकिया लगाये बैठे होंगे, तो उनकी दासियाँ (बादियाँ) कहाँ जायेगी?

प्र.   एक पलंग पर कितनी बीबियाँ बैठी होगी? समान और शराब कहाँ रखेंगे। जो कुछ से क्या मतलब है?

प्र.   जो कुछ में जायज और नाजायज सब चलेगा क्या?

37 - सूरह अस-साफफात

37-8 9, 71 कुरान में बार-बार डराने का जिक्र है। यहाँ हमने डराने वाले पैगम्बर भेजे।

प्र. पैगम्बर कितने प्रकार के है?

प्र. अल्ला के पास ले जाने वाले कौन-कौन से पैगम्बर है?

प्र. डराने वाले कौन-कौन से पैगम्बर है?

37-18 कियामत तो बस एक ललकार होगी (यानि दूसरी बार सूर फूंका जाना)

प्र. पहली बार सूर 69-12 फूँक मारी गयी? फिर एक ललकार कैसे?

37-39 अल्ला के खास किये हुए बन्दे?

प्र. खास में कौन-कौन होंगे?

प्र. बिना खास में कौन-कौन से बन्दे?

37-41 ,42 यानि मेवे और वे लोग बड़ी इज्जत से, आराम के बागों में।

37-43 तख्तों पर आमने-सामने बैठे होंगे।

प्र. जीते-जी हमें दुनियाँ में नर्म गद्दे, सोफे, आरामदायक कुर्सियाँ तो जन्नत में अल्ला तख्तों पर क्यों बिठायेगा। क्या तख्तों पर बैठने से चुभन नहीं होगी?

प्र. क्या ये पुरानी बातें नहीं लगती? ये कैसी आइडियोलॉजी है?

37-44 उनके पास सफेद शराब का ऐसा जाम लाया जायेगा जो बहती हुई शराब से भरा जायेगा। सफेद शराब?

प्र. 5-90 में शराब, जुआ, बुत से अलग रहना बोला गया है। 2-218 में फायदे से ज्यादा गुनाह माना गया है। इसे गुनाह माना गया है।

प्र. यहाँ अल्ला के बन्दों को 37-44 में शराब दी जायेगी?

प्र. शराब के जाम कौन लायेगा?

प्र. कुरान में अल्ला दो बातें कैसे कर रहा है?

37-45 ये शराब सफेद होगी, पीने वालों को मजेदार लगेगी?

37-46 ना सिर दर्द होगा, न अकल में गलत बात होगी? आयत 5-90 में शराब को हराम, गुनाह कहा गया है?

37-47 उनके पास नीची निगाह वाली बड़ी-बड़ी आँखों वाली हूरे होगी।

प्र. आदमियों के लिये तो बहुत समान अल्ला (कुरान) ने दे दिया?

प्र. क्या औरतों के लिये भी अल्ला (कुरान) की तरफ कुछ दिया गया। कही भी नहीं बताया गया, ऐसा क्यों?

प्र. उनके में कौन-कौन है? एक जन या अधिक जन?

37-72 देख लीजिये उन लोगों को कैसा अन्जाम, जिनको डराया गया?

प्र. क्या डरा-धमका कर कुरान में ईमान लाने की बात की जाती है? या गुलाम बनाने की?

38 - सूरह साँद

38-9 रहमत के खजाने वालों के पास (आसमान-जमीन) हक है। उनको चाहिये की सीढ़ियाँ लगाकर (आसमान) पर चढ़ जाये।

प्र. क्या आसमान तक सीढ़ियाँ लगाई जा सकती है?

प्र. सीढ़ी का क्या नाप होगा? अब तक कोई क्यों नहीं चढ़ा? या अब तक कितने लोग चढ़ चुके हैं?

प्र. कुरान मे सात आसमान दिये गये है। ये कौन से आसमान पर सीढ़ी लगाकर चढ़ेगे? नहीं लिखा गया।

38-34 सुलेमान (नबी) कहता है मुझको ऐसी हकूमत दे कि मेरे सिवाय किसी को भी मयस्सर ना हो?

बुखारी व हदीस में है कि एक बार सुलेमान (अलैहि.) अपने लश्कर के सरदारों पर किसी जिहाद को कोताही पर खफा हुए और फरमाने लगे कि मैं आज रात अपनी सत्तर बीवियों से हम बिस्तर हूँगा और उनसे सत्तर मुजाहिद पैदा होंगे। (कुरान के पेज नम्बर 455 का तर्जुमा)

प्र. ये कैसा नबी है जो सत्तर बीबियाँ रखता है?

प्र. अपनी बीबियों की अन्दरूनी बात दूसरों को बया करना ठीक है या नहीं?

प्र. सत्तर ही बच्चें पैदा होंगे?

38-50 वे उन बागों में तकिया लगाये बैठे होगे और वह वहाँ (जन्नत के खादिमों) बहुत से मेवे और पीने की चीजें मंगवायेंगे।

प्र. मुसलमान बागों में पीने की क्या-क्या चीजें मंगवायेंगे, कुरान में शराब पीने व नहरों का जिक्र है।

प्र. तकिया लगाये खास नबी पैगम्बर या और मुसलमान होंगे?

38-51 उनके पास जन्नत में नीची निगाह वालीयाँ उन्हीं की उम्र वाली होगी?

प्र. छोटे बच्चे को जन्नत मिलेगी या .....? या यहाँ उम्र का भी हिसाब होगा?

प्र. छोटे बच्चे को भी उसकी उम्र के हिसाब से नीची निगाह वाली मिलेगी?

प्र. यदि दुनियावी जिन्दगी की लड़की या औरत को क्या मिलेगा, बताया नहीं गया?

38-52   ऐ मुसलमानों यह वह नेमत (आशीर्वाद) है, जिसका तुमसे हिसाब के दिन आने पर वायदा किया जाता है?

प्र. ये सब नेमत मुसलमानों को ही अल्ला देगा, गैरों को नहीं?

प्र. हिसाब का दिन, क्या करने के बाद या कियामत के बाद का वायदा किया गया है?

38-64   मैं तुमको अल्ला के अजाब से डराने वाला हूँ।

प्र. कौन है ये? नाम नहीं दिया गया?

38-69   मैं अल्ला की तरफ से साफ-साफ डराने वाला भेजा गया हूँ।

प्र. कौन है?

38-83   अल्ला को यह कहने की क्यों जरूरत पड़ी? मैं सच कहता हूँ और मैं तो हमेशा सच ही कहा करता हूँ?

प्र. कुरान के हिसाब से अल्ला को सच कहने की क्यों सफाई देनी पड़ी? 11-36, 25-3,4

प्र. सच की सफाई किस नबी के द्वारा कहनी पड़ी और क्यों?

प्र. क्या इस किताब कुरान में कुछ झूठ है जो सफाई बयान करनी पड़ी?

38-86 अल्ला का कलाम दुनिया-जहान वालों के लिये नसीयत है?

प्र. ईमानदार (मुसलमान) अल्ला की राह में जिहाद, लड़ना-झगड़ना, कत्ल करना, जन्नत का लालच, लड़कियाँ, औरतें, शराब, सोने के कंगन, मेवे, फल, तकिया लगाये पंलग देना, हरे रंग के कपड़े, जो कुछ मांगोगे मिलेगा, रेशम के महीन कपड़े, जन्नत में खुशदिल वे और उनकी बीबियाँ, बादियाँ, शराब की नहरें, सफेद शराब में नसीयत हैं या फिर कौनसी नसीहत हैं?

प्र. कुरान की ये आयतें - 2-24, 2-220, 2-222, 2-229, 2-233, 3-14, 4-18, 4-23, 18-30, 22-22, 28-26, 31-7, 33-31, 33-36, 33-48, 49-50, 51 को पढ़ लिया जाये।

40 - सूरह अल-मोमिन

40-32 जिसको खुदा गुमराह करे, उसका कोई हिदायत करने वाला नही?

प्र. यदि ईश्वर (खुदा) ही किसी को भटका दे, तो भटकने वाले का दोष/गुनाह नहीं होना चाहिये?

प्र. क्या खुदा गुमराह करता है, गुमराह होने वाला दोषी नही।

40-33 आपे से बाहर जाने वालों, रहने वालों को गलती से डाले रखता है?

प्र. यदि ईश्वर ही उसको गलती, गुमराह, भटकाता है तो गलती ईश्वर (अल्ला) की है। ना ही भटकने वाले की।

40-69 70, 71 जिन लोगों ने कुरान ठुकराया, जो हमने पैगम्बरों को देकर भेजा था, तौक उनकी गर्दनों में होंगे और

जंजीरे उनको घसीटते हुए खोलते पानी में लाये जायेंगे, फिर वे आग में झोंक दिये जायेगे।

प्र. क्या उस जमाने में पढ़े-लिखे लोग थे या नहीं?

प्र. पुराने जमाने की बातें नजर आती है, जबकि आज जमाना बहुत आगे निकल चुका है।

प्र. क्या हम वापस पुराने जमाने में लोट जाये? और कुरान की बातों को माने?

40-73   अल्ला काफिरों को गलती में फंसाये रखता है?

प्र. क्या अल्ला गुनाहों की माफी नही देता?

प्र. बाईबल में पश्चाताप के साथ क्षमा (माफी) मांगने पर यीशु उनको माफ कर देता है।

प्र. कुरान में कहा गया है मैं बदला लेने वाला, गलती में फंसाये रखने वाला अल्ला है क्या? भेद- भाव, लालच देने वाला, गुलाम, डराने रखने वाला अल्ला तो नही?

41 - सूरहू हा-मीम अस-सजदह्

41-1   यह कलाम (कुरान) रहमान रहीम की तरफ से नाजिल हुआ है।

प्र. रहमान रहीम कौन है? 41-1

प्र. कुरान में तो आता है कि कुरआन अल्ला ने ऊपर से उतारी गई?

प्र. कभी कहा जाता है मुहम्मद सल्लाहि पर उतारी गई? 25-1

प्र. 24-1 यह सूरह् अन-नूर अल्ला ने नही, हम ही ने नाजिल की? हमने मुकर्रर किया? 24-1

प्र. जब पूरी कुरान ऊपर से उतारी गई, तो फिर 24-1 यह एक सूरह है। हम ही ने कुरान में   कब क्यों नाजिल शामिल किया गया?

प्र. कुरान अल्ला गालिब की तरफ से नाजिल हुई। 45-1

प्र. कुरान में बार-बार आया हमने? नाजिल की - ये कौन? 17-104

प्र. यह कुरान रब्बुल-आलामीन को भेजा हुआ है। 26-191

प्र. यह किताब अकलमंद लोगों के लिये उतारी गई है?

41-2   यह किताब (कुरान) ऐसे लोगों के लिये जो अकलमंद है?

प्र. क्या जो लोग कुरान पर ईमान नही रखते, क्या वे अकलमंद नही है?

41-3   कुरान पर जो ईमान नहीं रखते उनके लिये डराने वाला है और खुशखबरी देने वाला?

प्र. बहुत जगह कुरान में डराया गया है क्यों? 4-172, 7-1, 9-72, 17-5, 22-48, 25-1, 36-5, 37-71, 37-72, 38-64

41-11   दो दिन में अल्ला ने सात आसमान बना दिये।

प्र. कुरान में लिखा है यदि तौरात व कुरान समझ न आये तो बाईबल (इंजील) पढ़ो। बाईबल में कही नहीं आया कि दो दिन में खुदा ने सात आसमान बना दिये? 10-93 बाईबल पढ़ो - सच बताया जाये। कुरान पर शक होना?

प्र. ये सात आसमान कौन-कौनसे है?

प्र. सबसे नजदीक वाले आसमान को सितारों से सजाया (शैतान, जिन ने वहाँ जाकर चोरी छुपे खबरे सुनने से) हिफाजत की।

प्र.   शैतान इतना हावी है कि अल्ला को हिफाजत करनी पड़ी?

प्र.   कौन सा शैतान? कौन सी खबरें?

42 - सूरहू अश-शूरा

42-15   जो अल्ला के नजदीक है, उनसे झगड़े-फसाद करने वालों पर कियामत के समय सख्त अजाब होने वाला है।

42-40   क्या इन्साफ का डर दिखाकर, गुलाम तो नही बनाना है? कही पर काफिर, दर्दनाक सजायें, कही पर दोजख दिखाना?

प्र.   गैर-कौमों में जिन्होंने अच्छे काम किये। क्या उनके अच्छे कामों का फल दिया जायेगा या नहीं?

प्र.   छोटे बच्चे जो इन सब बातों से अनजान है। उनके लिये कुरान में कुछ नहीं दिया गया?

42-40   जो अपने ऊपर जुल्म हो चुकने के बाद का बदला बराबर से ले ले, ऐसे लोगों पर कोई इल्जाम नही?

प्र.   क्या बदला लेना सही है या नहीं?

प्र.   कुरान में बदला लेना, गुनाह नहीं?

प्र.   बाईबल में बदला लेना गुनाह माना गया?

प्र.   कुरान क्यों कहती है यदि कुरान समझ में नहीं आये तो जाओ बाईबल पढ़ो 10-93 जो तुम्हें सच बतायेगा।

प्र.   यदि बाईबल सच बताती है तो कुरान क्या बताती है?

43 - सूरहू अज-जखरूफ

43-28   उनके पास सच्चा कुरान और साफ-साफ बतलाने वाले वाला रसूल आया?

प्र. उस समय लोग सच और झूठ में उलझे हुए थे कि यह अल्ला की किताब भी है या नहीं?

प्र. सच्चा कुरान, इसको कैसे साबित किया गया? रसूल आया, कौन है वह...?

प्र. क्या कुरान, अब्राहम के समय में आयी? या कुरान ऊपर से उतारी गई या मुहम्मद या अनेक नबी या हमने लिखी? जैसा 17-104, 24-1, 25-1, 26-191, 42-2, 43-28, 45-1 देखे।

प्र. अल्ला ने कुरान 43-25 के हिसाब से इब्राहिम को दी थी?

प्र. कुरान ऊपर से उतारी जैसा कुरान में लिखा है? 24-1, कब और क्यों शामिल किया गया?

प्र. क्या कुरान मुहम्मद सा. पर नाजिल की? 25-1

प्र. कुरान में जगह-जगह आया है हमने नाजिल की? 17-04

प्र. कुरान रब्बुल-आलमीन का भेजा हुआ है। 26-191

प्र. कुरान रहमान-रहीम की तरफ नाजिल हुई? 41-1

प्र. कुरान अल्ला गालिब हिकमत वाले की तरफ से। 41-1

43-29   कुरान को जादू कहा गया? तौरात को भी कुरान में जादू कहा गया? हम इसको नहीं मानते?

43-40   पस अगर हम (दुनिया से) आपको उठा ले तो भी हम उनसे बदला लेने वाले है?

प्र. कुरान में अल्ला ने मुसलमान को यदि वे किसी को जान से मार दे तो भी मरने के बाद बदला लेने वाले है?

प्र. मरने के बाद फिर कैसा बदला लिया जायेगा?

43-60   वे यानी (ईसा अलैहिस्सलाम) कियामत के यकीन का जरीआ है।

प्र. जब कुरान में लिखा है कि कियामत पर (ईसा मसीह) येशू आयेगे?

प्र. कुरान में भी येशू को रूह-अल्ला (अल्ला की रूह) कहा गया। . 3-44, 3-45

43-69   तुम और तुम्हारी ईमानवाली बीबियाँ जन्नत में जाओ।

43-70   उनके पास सोने की रकाबियाँ और गिलास लाये जायेंगे (यानि जन्नत के नौ उम्र लड़के-लड़कियाँ लायेंगे) और वहाँ वे चीजे मिलेगी, जिनको जी चाहेगा और जिनसे आँखों को इज्जत मिलेगी और तुम यहाँ हमेशा रहोगे?

प्र. आप खुद ही अनुमान लगा लीजिये वहाँ क्या-क्या होगा?

44 - सूरहू अद-दुखान

44-2   कुरान को बरकत वाली रात (शबे कद्र) में उतारा गया।

प्र. रात में क्यों उतारा गया? दिन में क्यों नहीं?

प्र. बरकत की एक ही रात है क्या? और सारी रातें क्या हैं? और रातें बिना बरकत की है?

44-50   51 ईमान व डरने वाले के लिये नहरे-बाग जगह होगी।

44-52   वे लिबास पहनेंगे बारीक और मोटा रेशम का, आमने-सामने बैठे होंगे।

प्र. रेशम चाहे बारीक हो या मोटा अन्दर का बदन तो दिखेगा ही मतलब क्या आधे नंगे होंगे?

प्र. आमने-सामने बिठाने का क्या मतलब है?

44-53 हम उनका गोरी-गोरी, बड़ी-बड़ी आँखों वालियों से निकाह करेंगे।

प्र. अल्ला (कुरान) की नजर में गोरे-काले का भेद क्यों?

प्र. गोरी-गोरी ही क्यों काली क्यों नहीं? अफ्रीका में तो सभी लड़कियाँ काली है क्या वे जन्नत जायेगी या कही और यदि लड़की काली हो परन्तु उसकी आँखे नीली हो तो क्या वह जन्नत में जायेगी? यदि गोरे रंग की छोटी-छोटी आँखे वो भी नीली हो तो क्या जन्नत में जायेगी या नहीं?

प्र. बड़ी-बड़ी आँखों वाली तो जन्नत में होगी। तो छोटी-छोटी आँखों वाली लड़कियों को कुरान में अल्ला ने नहीं बताया?

प्र. छोटी आँखों वाली व काली लड़कियों के साथ बेइंसाफ है? क्या ये इन्सान नही है। इनको बनाने वाला कोई और है?

प्र. ये तो सारी कुंवारियाँ ही रह जायेगी? ना इनको बरकतें ना ही नियामत मिलेगी?

प्र. ईमान वाली बीबियों को कंगन, रकाबियाँ, पीने के गिलास होंगे? 43-70

प्र. मर्दों को नौ उम्र की लड़कियाँ दी जायेगी, जैसा जी चाहे इस्तेमाल करो। 43-70

45-1 यह कुरान अल्लाह गालिब हिकम्मत की तरफ उतारी गई

45-27 उस दिन आप हर फिर्क को देखेंगे।

प्र. मैंने कहीं पढ़ा है कि कुल 72 फिर्के है। उनमें से केवल एक ही फिक्का जन्नत में जायेगा।

प्र. तो 71 फिर्कों का क्या होगा?

47 - सूरह मुहम्मद

47-3   जब तुम्हारा काफिरों से मुकाबला हो जाये तो उनकी गर्दनें मारों, जब तक तुम उनका खूब खून बहा चुको तो खूब मजबूत बांध लो। मुआवजे के बगैर या मुआवजा लेकर छोड़ देना, जब तक अपने हथियार न रख दे। यह जिहाद का हुकम अमल करना।

प्र. कुरान में अल्ला काफिरों को मारने का तरीका बता रहा है। कत्ल करो, खून बहाओ, लेना-देना करना है तो वो भी कर लो?

प्र. यदि अल्ला की राह में मारे जाओ, तो अल्ला की तुम पर रहमत होगी?

प्र. बे-ईमान वाला हो तो कत्ल करो? यदि ईमान वाला हो तो छोड़ दो? अच्छा इन्साफ है? क्या गैर-ईमान का इन्साफ करने का हक इन मुसलमानों को दिया गया?

प्र. क्या तलवार के जोर पर मुसलमान बनाना ठीक है? ले-देकर (अपनी मनमर्जी) छोड़ दो।

प्र. यहाँ बाते करके क्या अल्ला कन्फ्यूज है?

47-6   ऐ ईमानवालों तुम अल्ला की मदद करोंगे तो वह भी तुम्हारी मदद करेगा। (सब्जेक्ट टू कंडीशन अर्थात शर्तो के साथ)

प्र. अल्ला तुमसे कुरान में मदद मांग रहा है? शर्त के साथ? अल्ला की नजर में ईमान वालों जाओ-डराओ, नफरत, बदला लेना, कत्ल करो, ठीक है?

प्र. मदद करोंगे तो अल्ला भी तुम्हारी मदद करेगा? वरना नहीं?

47-10 अल्ला मुसलमानों का कारसाज (बनाने वाला) है। काफिरो का नही, ऐसा क्यों?

प्र. कुरान में अल्ला का कैसा भेद-भाव है?

प्र. कैसा अलगाव, नफरत दूसरों के लिये?

प्र. जब अल्ला ही सब कुछ बनाने वाला है तो आपसे ही क्यों ये काम (कत्ल, जिहाद, बदला, डराना, वायदा करना, औरतों, शराब, सपने, बाग-नहरों का लालच दिया जाना) करवाये जा रहे है?

47-10 से 14 जन्नत में जाने वालों के लिये वायदा, बहुत सी नहरें, शराब की, दूध की, शहद की, शराब की पीने वालों को मजेदार मालूम होगी, पानी-बिना बदलाव का दिया जायेगा। (जो मुसलमान-ईमान लाने वाले होगें) काफिरों के लिये खोलता पानी - पीने को, कही पर पीप वाला पानी, दिया जायेगा, उनकी अंतड़ियों के टुकड़े- टुकड़े कर देगा। (संक्षेप में लिखा है)

प्र. कुरान के हिसाब से जन्नत में केवल ईमान वालो, अल्ला की राह पर मुसलमान ही जायेंगे। जिनके लिये अल्ला ने अनेक तोहफें, शराब, एय्याशी का समान रखा है। क्या ये लालच है?

प्र. काफिरों बे-ईमान वालों के लिये सजायें?

प्र. आज के जमाने में भी मरने के बाद इन्सान में इतनी दया होती है कि उसका अन्तिम संस्कार अच्छे से कर दिया जाता है। लेकिन अल्ला की तरफ? कैसी कठोरता?

47-21 तो अगर तुम किनारा करने वाले रहो? तो आया तुमको यह सन्देशा भी है कि तुम दुनियाँ में फसाद मचा दो और आपस में तालुक (रिश्ते) तोड़ दो?

प्र. क्या काफिरों से किनारा करने वालों रहो?

प्र. यदि दुनिया वाले तुम्हें अलग करे, तो अल्ला कह रहा है कि लड़ाई-झगड़े, मार-पीट, फसाद मचा दो? सोचना होगा।

प्र. कुरान पर ईमान रखने वाले लोग किस-किस को अपना दुश्मन बनायेगें? कैसे इस दुनियाँ में रह पायेंगे?

47-33-34   तुम हिम्मत मत हारों और सुलह की तरफ मत बुलाओं, तुम ही गालिब (जीता हुआ) रहोंगे।

प्र. यहाँ कैसे भड़काया जा रहा है?

प्र. हिम्मत मत हारो, सुलह भी मत करो? तुम ही जीतोगे कैसे?

प्र. अल्ला तुम्हारे साथ है - कैसे होगा?

48 - सूरह अल-फतह

48-2   वह ऐसा खुदा है जिसने मुसलमानों के दिलों में बरदाश्त (हिम्मत) पैदा की है, ताकि उनका ईमान और ज्यादा हो।

48-4   ताकि अल्ला मुसलमान मर्दों और मुसलमान औरतों को ऐसी जन्नतों में दाखिल करें जिनके नीचे नहरें, हमेशा रहेगे ताकि उनके गुनाह दूर कर दे?

प्र. केवल मर्द और औरतें ही जन्नत में होगी?

प्र. दुनियां में जो बच्चे मर जाते हैं और जो बीच के (किन्नर/ हिंजड़े) हैं, वे कहाँ जायेंगे?

51 - सूरह अज-जारियात

51-31   32 फरिश्तों ने कहा, हम एक मुजरिम कौम की तरफ भेजे गये है? उन पर घिंगर पत्थर बरसायें।

प्र.   यदि कोई गलत राह पर चला जाये तो कुरान में माफी नहीं लगती, बदला, कत्ल, मरना-मारना, जिहाद करना?

प्र.   कुरान में ही अल्ला ने गैर मुस्लिम जातियों को मुजरिम करार (सर्टिफिकेट) दे दियाहै, ये कैसा भेदभाव?

प्र.   क्या पत्थर ही को अल्ला ने हथियार माना है?

प्र.   यहाँ पर अल्ला ने फरिश्तों को मारने भेजा? मुसलमानों को क्यों नहीं?

प्र.   पूरी कुरान में तो मुसलमानों को कहा गया, जिहाद, फसाद, कत्ल, डराना, बदला लेना, नफरत फैलाना, औरतों की जिन्दगी से खिलवाड़ करो। लालच में जन्नत, बाग-नहरें, शराब, हमउम्र की लड़कियाँ, औरतें, रेशम के कपड़े, फल का जिक्र आया है?

52 - सूरह अत-तूर

52-16   बेशक मुत्तकी लोग (जन्नत के) बागों और ऐश के समान में होंगे?

प्र.   अल्ला के द्वारा क्या लालच और ऐश के समान के अलावा कुछ नहीं?

52-18   खूब खाओ-पियो, मजे के साथ, तख्तों पर तकिये बिछाये हुए, हम उनका गौरी-गौरी, बड़ी-बड़ी आँखों वालियों (यानि हूरों) से निकाह कर देंगे।

52-21   22 हम उनको मेवे, गोश्त, दिन-प्रतिदिन बढ़ने वाला देते रहेंगे? आपस में शराब के जाम में छीना-झपटी भी करेंगे।

प्र.   मुसलमान बनाये जाने के लिये कितने लालच है?

प्र.   कुरान में शराब-जुआ गलत बताया गया है। 5-90

प्र. यहाँ कुरान में शराब की नहरें, सफेद व सौंठ की शराब अल्ला के बन्दों वास्ते 37-44, 37-45, 38-50,43-70, 47-14

प्र. शराब की नहरें 47-14 होगी। 52-22 में शराब के लिये छीना-झपटी?

55 - सूरहू अर-रहमान

55-40 मुजरिम लोग अपने हुलिये से (कि चेहरे के काला होने और आंखों के नीला होने की वजह से) पहचाने जायेंगे।

प्र. कुरान की नजर में गलत लोग उनके चेहरे काले होंगे?

प्र. कुरान की नजर में गलत लोग उनकी आँखें नीली होगी?

प्र. काले चेहरे वाले अधिकतर अफ्रीका व छोटे-छोटे द्वीपों में बसते है तो वे सब मुजरिम होंगे? काफिर होंगे?

प्र. नीली आंखों वाले अधिकतर यूरोप, अमेरिका, लेटिन अमेरिका में मिलते है। सब मुजरिम होंगे - काफिर होंगे?

55-40 50, 51, 52, 53, 54, 55 ऐ जिन्न और ऐ इन्सान तुम अपने रब की नेमतों के इनकारी हो जाओगे? वे लोग तकिया लगाये ऐसे फर्शों पर बैठे होंगे, मोटे रेशम का अस्तर, बाग, फल, नीची निगाह वालियाँ (यानि हूरें) होगी। उन लोगों से पहले उन पर ना तो किसी आदमी ने तसरूफ किया होगा, ना किसी जिन्न ने।

55-68 सो ऐ जिन्न और ऐ इन्सान तुम अपने रब की, कौन-कौन सी नेमत्तों के इनकारी हो जाओगे।

55-69 उनमें अच्छे गुण वाली खूबसूरत औरतें होगी (यानि हूरें)

55-71 वे औरतें गोरी रंगत की होगी, अपने खेमों में महफूज होगी?

प्र. जन्नत में यदि औरतें खेमों से बाहर होगी तो महफूज नहीं है क्या? वहाँ भी खतरा है क्या?

प्र. अल्ला की इन्कारी से औरते मिलना बन्द हो जायेगी।

प्र. जन्नत में कितने खेमे है?

56 - सूरहू अल-वाकिअहू

56-10   11 अल्ला के खास, उनके लिये आराम के बाग होगे।

56-14   15 वे लोग (एक बड़ा गिरोह) सोने के तारों से बुने हुए तख्तों पर तकियाँ लगाये आमने-सामने बैठे होंगे?

प्र. पलंग या तख्ता सोने के तारों का ही होगा, किसी और चीज का क्यों नहीं? क्या सोना बहुमूल्य है इसलिये सोने का जिक्र है?

प्र. जन्नत में गिरोह भी होंगे - कितने?

प्र. छोटे गिरोह कौन से होंगे? एक गिरोह में कितने जन होंगे।

56-16   ऐसे लड़के जो आपके आस-पास रहेंगे, जो मांगोगे, लेकर आना-जाना करेंगे।

प्र. जन्नत आप जो भी मांगों, ये लड़के लेकर आयेंगे? 31-7, 37-47, 38-51, 42-53, 43-70,48-4, 52-16

प्र. औरतें और बच्चे तुम्हारी सहायता के लिये दिये जायेंगे। 17-5 ये शायद दुनियावी जिन्दगी में 17-61, 33-71, 33-36, 33-49, 33-50, 33-51, 33-54, 37-47

56-17   ढक्कनदार लोटे और ढोंगे - जिनमें बहती शराब भर दी जायेगी।

प्र. कुरान में शराब-जुआ नाजायज है? 5-90

प्र. कुरान में शराब जायज है? 37-44, 37-45, 47-14

प्र. क्या लोहे के बर्तन ही होंगे?

56-20   21,22 परिन्दों का गोश्त, गोरी-गोरी, बड़ी-बड़ी आँखों वाली औरतें (यानि हूरें) उनके ईमान के बदले दिया जायेगा। (संक्षेप में)

56-35   हमने उन औरतों को खास तौर से बनाया।

प्र. खास तौर से क्या मतलब है? हमनें कौन है?

56-36   महबूबा है, हम उम्र है, कुँवारियाँ है।

प्र. आप ही इनके अर्थ निकाले?

56-56   कुरान में पूछा जा रहा है हमने तुमको पैदा किया? तस्दीक क्यों नहीं करते?

प्र. हमने में कौन-कौन है? कितने जने है? या अल्ला ने?

56-57   तुम जो औरतों के गर्भ में वीर्य पहुँचाते हों।

56-58   तुम उसको आदमी बनाते हो या हम बनाने वाले है।

प्र. तुम कौन है? या हम कौन में कितने जने है?

57 - सूरह अल-हदीद

57-8   अपने खास बन्दे (मुहम्मद सल्ल .) पर साफ-साफ आयतें भेजता है। ताकि वह अन्धेरियों से रोशन की तरफ लाये।

प्र. कुरान (मुहम्मद सल्लम.) खास बन्दे पर उतारी गई

प्र. कुरान की 88 किताबें मक्का में, 26 किताबें मदीना में (कुल 114 किताबें)

प्र. कुरान अल्ला ने एक बार में उतारी या अलग-अलग? 3-2

प्र.   यदि एक बार में उतारी तो ये क्यों कहा गया कि अलग-अलग नबियों द्वारा लिखी गयी? नाम क्यों नहीं दिये गये?

प्र.   हमनें इस कुरान को नाजिल किया, बार-बार आया। 2-22, 2-145, 17-104

प्र.   हमनें में कौन-कौन है? 6-18, 6-154, 29-46, 50, 64-7

प्र.   ये हमने, फरिश्तों तक को हुकम दे रहे है? 18-49, 24-1

प्र.   यह कुरान रब्बुल-आलमीन का भेजा हुआ है? 26-191

प्र.   कुरान रहमान-रहीम की तरफ से नाजिल हुई? 41-1

प्र.   कुरान अल्ला गालिब हिकमत वाले की तरफ से नाजिल हुई? 45-1

प्र.   कुरान बरकत वाली रात (शबे कद्र) में उतारा गया। 44-2

प्र.   कुरान कही पर अलग-अलग, कही पर नबियों पर, कही पर हमनें, कही पर एक बार में उतारी गयी, कही पर हमनें फरिश्तों को हुकम दे रहे थे?

प्र.   यह उस जात की तरफ से नाजिल किया गया? एक उलझाव पैदा करती है?

प्र.   मैं कुरान के जरिये तुमको और जिस-जिस को कुरान पहुँचे। जिस-जिस को ये कौन है?

प्र.   उस किताब पर जो मैंने नाजिल की। 2-40

प्र.   ये कुरान एक इज्जत वाले फरिश्तों का लाया हुआ? 2-22, 2-145

57-10   यदि तुम अल्ला को अच्छी तरह कर्ज के तौर पर दे, अल्ला का उसके लिये बढ़ाता पसन्दीदा अज्र है।

प्र. यह कैसा कर्ज?

प्र. अल्ला का पसन्दीदा अज़्र कैसा?

57-12   जिस दिन आप मुसलमान मर्दों और औरतों को देखेंगे, उनका नूर उनके आगे और उनकी दाहिनी तरफ दौड़ता होगा। ऐसे बाग, नहरें होगी।

प्र. जिस दिन से मतलब मरने के बाद या कियामत के बाद? औरत-मर्द को देखेंगे? उनका नूर? कौन दौड़ता होगा?

57-12   जिस दिन मुनाफिक पसन्द का मर्द और पसन्द की औरतों, मुसलमानों से कहोगे कि हमारा इन्तजार कर लो, हम भी तुम्हारें नूर से रोशनी हासिल कर ले।

प्र. कैसा इन्तजार? किस वास्ते? कैसी रोशनी?

प्र. जो दुनियां में होता है, जन्नत में भी यही होगा?

प्र. ये किसका चुनाव है?

58 - सूरह अल-मुजादिलह

58-2   जो लोग अपनी बीबियों से जिहार मतलब उनको माँ या बहन जैसी है कह देते है। जब तक वे कफफारा तलाफी मतलब इसके बदले एक गुलाम या बांदी को आजाद करना है।

प्र. उस जमाने में गुलाम-बांदी, दासियाँ रखना जायज था?

प्र. बांदियों से कैसे रिश्ते रखे जाते थे या उनको भी और औरतों की तरह, उनको खेत कहा गया? या जैसे चाहों इस्तेमाल करो, हलाल करो। जैसे - 4-23, 4-33, 9-72, 9-110, 17-5, 17-61, 33-36, 33-49, 33-50

प्र.   यदि मुसलमान आज के जमाने में कुरान के ये नियम नहीं मानता है तो वहाँ बे-ईमान कहलायेगा या काफिर, बताये? या ईमानदार?

60 - सूरहू अल-मुम्तहिनहू

60-9   ऐ ईमान वालों (मुसलमान) ये गैर इस्लामिक मुल्क से औरतें आती है। उनको परखों (इम्तिहान) कर लिया करों, मुसलमान समझो तो उनको वापस मत जाने दो, क्योंकि न तो वे औरतें उन काफिरों के लिये हलाल है। यदि काफिरों ने कुछ खर्च किया तो अदा कर दों। तुमकों उन औरतों से निकाह करने में कोई गुनाह नहीं होगा। ऐ मुसलमानों काफिर औरतों से तालुककात मत रखो, जो कुछ तुमने खर्च किया उन (काफिरों) से मांग लो। आपस का फैसला करना है।

प्र. ऐ ईमान वालों (मुसलमान) और गैर इस्लामिक या काफिरों के मुल्कों नफरत की दिवार कुरान के द्वारा खड़ी क्यों की गई?

प्र. उन गैर इस्लामिक मुल्कों की औरतों को मुसलमान समझो?

प्र. औरतों को मुसलमान समझना? आदमियों को काफिर समझना? ये क्या है?

प्र. काफिरों की तरफ मत जाने दो? जबरदस्ती मुसलमान बनाना, मुसलमान नहीं बने तो काफिर समझो?

प्र. मुसलमान बन जाये तो ईमान वाली वरना काफिर है?

प्र. औरत मुसलमान नही बनती, तुमने उस पर जो खर्च किया है वापस ले लो?

प्र. पहले औरत को खूब इस्तेमाल कर लो चाहे खेत में जिस तरफ होकर चाहो आओ माल या हलाल कहा गया, फिर कुछ ले-देकर वापस भेज दो?

प्र. एक औरत का, उसके जीवन का, उसकी ईज्जत का, कितना बड़ा मजाक बनाया गया है?

प्र. कुरान में औरतों के बारे 4-23, 4-33, 9-72, 9-110, 17-5, 17-61, 33-36, 33-49, 33-50

प्र. कुरान में बार-बार आया है अल्ला तआला बड़ा इल्म वाला है? क्या ये सही है?

61 - सूरहू अस-सफफ

61-11 अल्ला तुम्हारे गुनाह माफ करेगा और तुमको जन्नत में बाग, नहरें, उम्दा मकानों में दाखिल करेगा, हमेशा रहने के बागों में होंगे।

प्र. कुरान में अब तक बाग, नहरें, शराब बहती हुई, नो उम्र, हम उम्र की लड़कियाँ, औरतें, काली-काली व बड़ी-बड़ी आँखों वाली हूरे (औरतें), ऐश की जननतें, तख्तें, पलंग, तकिया, रेशम के महीन व मोटे लिबास (जिसमें आधे नंगे दिखना), मसहरियों (मच्छरदानियों) में बैठे होंगे, सफेद शराब, नीची निगाह वाली लड़कियाँ (हूरें) होगी, सोने के कंगन, रकाबियां, काँच, चाँदी के गिलास, जैसा जी चाहे इस्तेमाल करो।

प्र. जन्नत में मकान भी मिलेंगे? क्या बहुमंजिले (फ्लैट) ईमारतें भी होगी? क्या जन्नत में मच्छर भी होगे?

प्र. दुनियावी जिन्दगी में मुसलमानों को औरतें व अन्य कुरान के हिसाब से 2-222, 2-229, 3-14, 3-167, 4-2, 4-5, 4-22,

4-23, 4-28, 4-33, 9-110, 17-5, 17-61, 24-25, 33-5, 33-31, 33-36, 33-49, 33-50, 36-51, 60-9, 64-13, 66-4

प्र. मरने के बाद मुसलमानों को जन्नत में औरतें, एय्याश का सामान - 18-29, 31-7, 33-55, 37-47, 38-51, 43-70, 44-52, 44-53, 52-16, 52-18, 19, 56-16, 56-20, 56-35, 10-110, 78-32, 2-23

प्र. कुरान में आया है दुनियावी जिन्दगी तो कुछ भी नहीं, सिर्फ धोखे का सौदा? फिर पैदा क्यों किया गया?

62 - सूरहू अल-जुमुअह

62-1 वही जिसने (अरब के) अनपढ़ लोगों में उन्हीं (की कौम) से (यानि अरब से) एक पैगम्बर भेजा, जो उनको अल्ला की आयतें पढ़-पढ़ कर सुनाता है।

प्र. क्या उस समय सभी अनपढ़ थे?

प्र. क्या अनपढ़ इन्सान पढ़ पढ़ कर सुना सकता है?

प्र. क्या उस समय अरबी भाषा व लेखन शैली में थी?

प्र. अनपढ़ को तो जैसे हाँक दो, वे वैसे ही चल देंगे?

प्र. इस पैगम्बर का नाम क्यों नहीं दिया गया?

62-4 तौरात पर अमल करने का हुक्म दिया... जिन्होंने अमल नहीं किया, उनकी हालत.. गधे जैसी हो गई। जिन्होंने अल्ला की आयतों को ठुकराया, वे यहूदी है।

प्र. कुरान में जगह जगह आया है, जिन्होंने कुरान पर ईमान लाये वे अकलमंद है।

प्र. जो ईमान नहीं लाये, वे काफिर, बेअकल के है?

प्र. यहूदी, ईसाई व गैर कौमें ईमान नहीं लाये तो वे गधे जैसी हालत में है?

प्र. यदि आज के समय से तुलना करें तो बे-ईमान वालों ने एक सुई से लेकर हवाई जहाज, मशीनें, हथियार, आधुनिक सुविधाओं की चीजें, इन यहूदी, ईसाई व गैर कोमों द्वारा बनाई गई। मुसलमान (ईमान वालों) के द्वारा क्यों नही बनाई गई। जबकि अल्ला द्वारा अकलमन्द ठहराये गये।

प्र. अल्ला की कौम के द्वारा क्या बनाया गया, बताये? एक भी चीज इस दुनियां में नहीं दिखती है।

प्र. जो ईमान नही लाते, अल्ला ने उनके दिलों, कानों, आँखों पर पर्दा डाल दिया। फिर अक्लमंद कैसे बनेंगे? 2-6, बे-ईमान, बे-अक्लगंद वालों ने दुनिया में खोजों (आविष्कार/इंवेंशन) की बाढ़ लगा दी जो आज तक जारी है। ऐसा क्यों?

प्र. क्या कुरान की नजर में यहूदी, ईसाई बेवकूफ, गधे है?

64 - सूरहू अत-तगाबुन

64-7   सो तुम (को चाहिये कि) अल्लाह पर और उसके रसूल पर और उस नूर पर (यानि कुरान पर) जो कि हमने नाजिल किया है ईमान लाओ।

प्र. अल्ला पर, रसूल पर व नूर (कुरान) पर ईमान लाओ?

प्र. हमने नाजिल किया?

64-3   ऐ ईमान वालों, तुम्हारी बाज बीबियाँ और औलाद तुम्हारें (दीन) ईमान की दुश्मन है, सो तुम उनसे होशियार रहो।

प्र. ईमान वालों को ईमान वाली ही बीबियाँ रखनी चाहिये। गैर कौम की बीबियाँ क्यों रखी?

प्र. औरत को कुरान में खेत, माल, जान, हलाल सब कहा है जैसे चाहों इस्तेमाल करो। क्या औरतें खेल का सामान है? जैसे चाहों हलाल करो?

प्र. ईमान रखले तो काफिर नहीं, वरना काफिर है?

66 - सूरहू अत-तहरीम

66-4 अगर पैगम्बर तुम औरतों को तलाक दे दे तो उनका परवर्दिगार बहुत जल्द तुम्हारे बदले उनको तुमसे अच्छी बीबियाँ दे देगा, जो इस्लाम वाली, ईमान वाली, फरमॉबरदारी करने वाली, तौबा करने वाली, ईबादत करने वाली, रोजा रखने वाली, कुछ बेवा और कुछ कुँवारियाँ।

प्र. कुरान के हिसाब से अल्ला पैगम्बरों पर कितना मेहरबान है? इनके लिये कोई नियम, कानून-कायदे नहीं दिये गये?

प्र. पैगम्बर के पास यदि पुरानी वाली खराब या जी भर गया, तो ये पुरानी बीबियों की जगह इनसे अच्छी बीबियाँ दे देगा?

प्र. पहले वाली बीबियाँ अब खराब हो चुकी है। इसलिये पैगम्बर अच्छा माल-जान पसन्द करेंगे?

प्र. जो भी अच्छी हो या बुरी इस्लाम के अनुसार हो?

प्र. यदि पैगम्बर को बीबियों की कमी पड़ जाये तो वे बेवा व कुवॉरियाँ भी रख ले तो कोई गुनाह नहीं?

प्र. क्या कुरान में औरत तोहफा, समान व परोसने की चीज है?

प्र. आज के समय में ये सब क्यों नहीं किया जाता है?

प्र. यदि वे ऐसा नहीं करेंगे तो कुरान पर नहीं चलते है?

प्र. क्या अल्ला की नजर में औरतें ही सबसे बड़ा ईनाम है?

प्र. क्या अल्ला पाक-साफ, नेक दिल, ईमानदार, इन्साफ करने वाला है?

67 - सूरह अल-मुल्क

67-2   जिसने सात आसमान ऊपर-नीचे पैदा किये?

प्र. ये सात आसमान कौन से है, कुरान में नहीं बताया गया?

69 - सूरह अल-हाककह

69-12   फिर जब सूर में एक ही बार में फूँक मारी जायेगी।

प्र. कियामत तो बस एक ललकार होगी। (यानि दूसरी बार सूर फूँका जाना?) 37-18

प्र. कुरान में एक ही बार फूँक मारना, फिर दूसरी बार कब होगी?

प्र. हम एक फूंक को माने या दूसरी फूंक को?

प्र. कुल कितनी फूंक मारी जायेगी?

69-39   यह कुरान अल्ला का कलाम है। एक इज्जत वाले फरिश्तें का लाया हुआ है? 3-44, 19-18

प्र. अल्ला का कलाम एक फरिश्ता द्वारा लाया गया था। फरिश्तों द्वारा लाया गया? या हमने नाजिल की?

69-42   रब्बुल-आलमीन की तरफ से भेजा हुआ कलाम है।

69-47   बिला शुब्हा यह कुरआन परहेजगारों के लिये नसीयत है।

प्र. अल्ला को कुरान पर सफाई क्यों देनी पड़ रही है?

प्र. क्या उस समय में लोगों को शक शुब्बा था?

प्र. कुरान पर क्यों बार-बार शक-शुब्बा किया गया? 10-93, 25-3, 25-4, 28-47, 28-48, 43-28, 62-4, 64-7

प्र. यहूदीयों और ईसाईयों का मजहब किसी बुनियाद पर नहीं लेकिन ये आसमानी किताबें (बाईबल) पढ़ते है?

प्र. बुनियाद भी नही, पर आसमानी किताबें भी है? 2-112

प्र. हम उनको अल्ला की किताब (तौरात व इन्जील) में आम लोगों पर जाहिर कर चुके है, ऐसे लोगों पर अल्ला तआला भी लानत फरमाते है। जो लोग छुपाते है? जो लोग व हम लोग कौन है? 2-158

70 - सूरहू अल-मआरिज

70-3 (जिन सीढ़ियों से) फरिश्तें और मोमिनों की रूहें उसके पास चढ़कर जाती है। 38-9

प्र. क्या सीढ़ियों से रूहें अल्ला के पास जाती है?

प्र. फरिश्तों का भी जिस्मानी जिस्म होता है? फिर मरते है? फिर सीढ़ियों से उनकी रूहें जाती है?

प्र. दुनियावी जिन्दगी में तो सीढ़ियाँ चढ़ा-उतरा जा सकता है लेकिन मरने के बाद भी रूहें सीढ़ी से चढ़ती उतरती है।

प्र. क्या बिना सीढ़ी नहीं जाया जा सकता?

70 पेज 569 ए-3 - खास जरूरत और मजबूरी के वक्त तलाक देना जायज है। ईद्दत तीन महीने या समय अवधि खत्म होने से पहले उस औरत को निकाह में रखना चाहे तो रूजू कर ले और दो गवाह बना ले। यदि बलात्कार, रेप हो जाये तो औरत को 4 गवाह लाने होगें। 65-1, यदि आदमी दूसरी औरत

से निकाह करे तो दो गवाह ही काफी है। ये अल्ला का कैसा इन्साफ है। कैसा भेदभाव है?

प्र. औरत को कुरान में क्या समझा गया है?

71 - सूरहू नूह

71-14 क्या तुमको मालूम नहीं कि अल्ला ने किस तरह सात आसमान ऊपर-तले पैदा किये है?

प्र. ये सात आसमान ऊपर-नीचे कौन से है?

73 - सूरहू अल-मुज्जम्मिल

73-8 वह पूरब और पश्चिम का मालिक है, उसके सिवा कोई इबादत के काबिल नही। 2-114, 2-141, 73-8

प्र. दुनिया में चार दिशायें उत्तर-दक्षिण, पूरब-पश्चिम है लेकिन अल्ला केवल पूरब-पश्चिम का मालिक है, उत्तर-दक्षिण का मालिक कौन है?

प्र. क्या उस जमाने में उत्तर-दक्षिण नही थे? कुरान में कहीं भी जिक्र नही है?

प्र. या अल्ला को उत्तर-दक्षिण का ज्ञान नहीं था?

73-19 कुछ अल्ला की राह में जिहाद करेंगे?

74 - सूरहू अल मुद्स्सिर

74-20 21, 22, 23, 24 हाजिर चेहरों को देखा, मुँह बनाया, देखने वाले समझे कुरान से नफरत हो और ज्यादा मुँह बनाया, मुँह फेरा, तकब्बुर किया, बोला यह जादू है, आदमी का कलाम है।

76 - सूरहू अद-दहूर

76-4 जो नेक लोग है, वे ऐसे शराब के जाम से शराब पियेंगे, जिसमें काफूर की मिलावट होगी।

प्र. कुरान में शराब, जुआ, गन्दे शैतानी काम है दूर रहो। 5-90

प्र. लेकिन बहुत जगह शराब पीना, पिलाना सब जायज है। 37-44, 37-45, 38-50, 47-14, 52-21, 22, 56-17, 76-16, 76-20, 83-24 (चार तरह की शराब:- (1) पाकीजा शराब, (2) सौंठ की शराब, (3) खालिस शराब व (4) सफेद शराब का जिक्र आया हैं।

प्र. कुरान में अल्ला के शराब पर दो अलग-अलग बयान कैसे? क्या अल्ला से गलती हो गई?

76-16 वहाँ (जन्नत) उनको ऐसा जामें शराब पिलाया जायेगा। उसमें सौंठ की मिलावट होगी।

76-20 उन जन्नतियों पर बारीक रेशम के हरे रंग के कपड़े होंगे दबिज रेशम के भी, लिबास में अलग लुफ्त होगा। रब उनको पाकीजा शराब पीने को होगा? (76-5, 79-30 को भी देखे)

प्र. हरा रंग ही क्यों, लिबास बारीक रेशम के, आधे नंगे दिखेंगे?

प्र. अल्ला ही उनको शराब पिलायेगा?

77 - सूरहू अल-मुर्सलात

77-10 कियामत के समय सब पैगम्बर सही वक्त पर जमा किये जायेंगे।

77-49 कुरान नसीयत व डराने वाला है।

78 - सूरह अन-नबा

78-11   हम ही ने तुम्हारे ऊपर सात मजबूत आसमान बनाये।
17-43, 71-14

प्र. हम ही ने या अल्ला ने कौन? बार-बार हम-हमने क्यों?

प्र. अल्ला या हम ही ने जब सात आसमान बनाये, तो सफाई देने की क्या जरूरत?

78-32   दिल बहलाने को नौजवान हम उम्र औरते

प्र. ये लगता है जन्नत में दिया जायेगा?

प्र. अल्ला की जन्नत में ईमानदारों (मुसलमानों) की बल्ले बल्ले होगी?

78-33   पीने को लबालब भरे हुए शराब के जाम।

83 - सूरह अल-मुतफिफफीन

83-24   उनको पीने के लिये मुहरबन्द खालिस शराब मिलेगी।

प्र. जन्नत में क्या नकली शराब भी है जो कहना पड़ रहा है कि सील पैक असली शराब मिलेगी?

85 - सूरह अल-बुरूज

85-9   जिन्होंने मुसलमान मर्दों और मुसलमान औरतों को तकलीफ पहुँचाई और फिर तौबा नही की, तो उनके लिये जहन्नम (दोजख) का अजाब है।

प्र. यदि मुसलमान मर्दों और औरतों ने दूसरों को तकलीफ पहुँचाई तो उसका क्या अन्जाम होगा? नही दिया गया। यहाँ अल्ला भेद-भाव कर रहा है?

प्र. अल्ला का कैसा न्याय है? कैसी अदालत है?

88 - सूरहू अल-गाशियहू

88-8   नेक कामों की बदोलत खुश होंगे।

88-9   आला दर्जे की जन्नत में होगे।

प्र. जन्नत कितने प्रकार की व कितनी है?

प्र. नेक काम जो ईमान वाले है उनके लिये अल्प दर्जे की जन्नत होगी?

प्र. कुरान में ऐश की जन्नते भी आयी है। 31-7, 2-24

108 - सूरहू अल-कौसर

108-1   आप अपने परवर्दिगार की नमाज पढ़िये और कुरबानी कीजिये।

प्र. ईबराहिम को भेड़ की कुरबानी के बाद भी अलग से कुरबानी करने को कहा गया है क्या?

प्र. बाईबल में यीशू ने कहा मैंने तुम्हारे पापों के लिये अपनी कुरबानी (सलीब पर) दी है। अब तुम्हें कोई कुरबानी देने की जरूरत नही। क्यों एक साथ लाखों की तादाद में जानवरों को काटा (कत्ल) जाता है?

-: समाप्त:-